JN410733

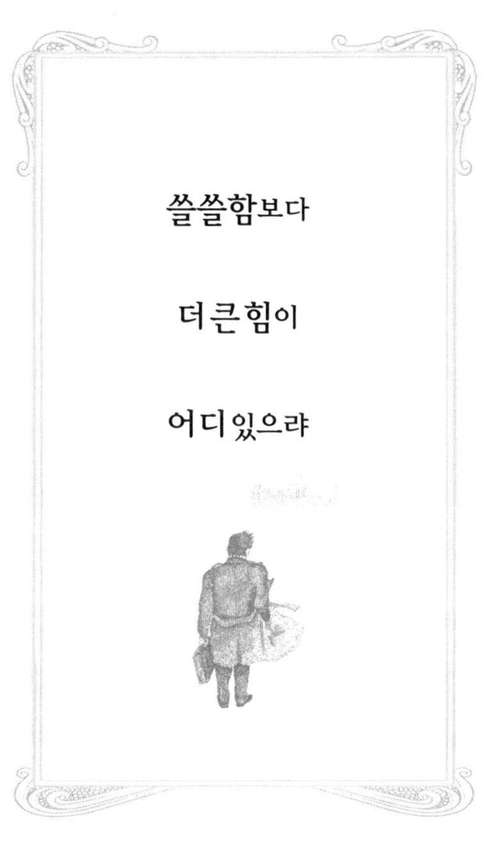

쓸쓸함보다

더큰힘이

어디있으랴

쓸쓸함보다 더큰힘이 어디있으랴

초판인쇄 2014년 12월 15일
초판발행 2014년 12월 22일

지은이_ 아쿠타가와 류노스케
옮긴이_ 양희진
그린이_ 한현주
디자인_ 이혜원
발행인_ 김현길
발행처_ 도서출판 문파랑

등 록_ 제313-2006-000253호
주 소_ 서울시 은평구 은평로2길 19(동진B 301호)
전 화_ (02) 3142-3827
팩 스_ (02) 6442-0839
E-mail_aveva@naver.com

값 12,000원

ISBN 978-89-94575-18-6 03830

이 도서의 국립중앙도서관 출판예정도서목록(CIP)은 서지정보유통지원시스템 홈페이지(http://seoji.nl.go.kr)와 국가자료공동목록시스템(http://www.nl.go.kr/kolisnet)에서 이용하실 수 있습니다. (CIP제어번호 : CIP2014035376)

쓸쓸함보다
더 큰 힘이 어디 있으랴

Akutagawa's Aphorism

아쿠타가와 류노스케 지음
양희진 옮김

도서출판 문파랑 文波浪

목차

난쟁이 어릿광대의 말

인생은 지옥보다 더 지옥스럽다.

나는 불행히도 안다, 때론
거짓말에 의지해서 이야기할 수밖에 없는
진실도 있음을.

서序

'난쟁이 어릿광대의 말'은 반드시 내 사상을 전하지 않는다. 다만 내 사상의 변화를 보여줄 뿐이다. 풀 한 포기보다 덩굴풀 한 줄기— 게다가 그 덩굴풀蔓草은 덩굴줄기를 몇 개나 뻗쳤는지 알 수 없다.

아쿠타가와 류노스케

별

태양 아래 새로운 것은 없다고 옛 사람은 설파했다. 하지만 새로운 것이 없다는 사실은 태양 아래 하나뿐만이 아니다.

천문학자의 학설에서, 헤라클레스 성운군을 출발한 빛이 우리 지구에 도달하는 데 삼만 육천 년이 필요하다고 한다. 그러나 비록 헤라클레스 성운군이라도 영구히 빛날 수 없다. 언젠가 한 번은 차가운 재처럼 아름다운 빛을 잃어버린다. 뿐만 아니라 죽음은 어딜 가나 항상 생을 품고 있다. 빛을 잃은 헤라클레스 성운군도 끝없는 하늘을 떠돌아다니는 동안, 사정이 좋아 기회를 얻는다면 한 무리의 성운군과 함께 변하게 되리라. 그러면 또다시 새로운 별이 끊임없이 거기에 생겨나리라.

우주 크기와 견줘서 태양도 하나의 반딧불에 불과하다. 하물며 우리 지구는 더 말할 나위도 없다. 그러나 머나먼 우주의 끝, 은하의 근처에서 일어나는 일도, 실은 이 지구라는 흙덩어리 위에서 일어나는 일과 다르지 않다. 삶과 죽음은 운동법칙 아래 줄곧 순환한다.

그런 점을 생각하면 하늘에 퍼져 있는 수많은 별들에게 얼마큼 연민을 느끼곤 한다. 아니, 명멸하는 별빛은 우리처럼 어떤 감정을 표현하는 듯싶다. 이 점에서 시인*은 무엇보다 먼저 고고하게 진리를 노래했다.

모래를 이루는 무수한 별 그 속에 나를 향해 빛나는 별이 있네.
그러나 별도 우리처럼 윤회함은— 어쨌든 지루한 일이라네.

* 마사오카 시키를 가리킴.

코

클레오파트라의 코가 삐뚤어졌다면 세계 역사는 달라졌을 것이란 이 말은 유명한 파스칼의 경구다. 하지만 사랑하는 사람은 거의 실상을 보지 않는다. 아니, 우리의 자기기만은 일단 연애에 빠지면 가장 완전히 이루어진다.

안토니도 예외가 아니어서 클레오파트라의 코가 삐뚤어졌다고 해도, 짐짓 그것을 보지 않으려 했으리라. 또한 보지 않을 수 없는 경우에도 그 단점을 보충할 무언가 다른 장점을 찾았으리라. 무언가 다른 장점을 찾는다면 우리의 사랑하는 사람만큼 무수한 장점을 지닌 여성은 세상에 틀림없이 한 명도 없다. 안토니도 반드시 우리처럼 클레오파트라의 눈이나 입술에서, 보충하고도 남아도는 장점을 찾아냈으리라. 거기에 또 예의 '그녀의 마음!' 사실 우리의 연인은 예로부터 지금껏 질리도록 한결같이 아름다운 마음의 소유자다. 게다가 그녀의 복장이나 그녀의 재산, 또는 그녀의 사회적인 지위라든가— 그런 것들도 장점일 수 있다. 더욱 심한 경우를 든다면, 이전에 어느 명사의 사랑을 받았다고 하는 사실 혹은 소문조차 장점의 하나로 열거한다. 더구나 저 클레오파트라는 호화스런 사치와 신비로 가득한 이집트의 마지막 여왕이지 않은가? 향기로운 연기가 피어오르는 가운데 왕관의 주옥이 반짝이며, 연꽃 같은 것을 만지작거리면 다소 코가 삐뚤어졌다고 해도 누구의 눈에라도 띄지 않았으리라. 하물며 안토니의 눈에서랴.

이런 우리의 자기기만은 오직 연애뿐만이 아니다. 우리는 얼마간 차이는 있지만 대부분 우리가 원하는 대로 실상을 여러 가지로 덧칠하여 바꾼다. 이를테면 치과 간판을 보더라도 그것이 우리 눈에 들어오는 이유는 간판의 존재 자체보다, 간판이 있길 바라는 마음— 더 나아가서 우리의 치통 때문이지 않을까? 물론, 우리의 치통 따위는 세계 역사와 상관없다. 그러나 이런 자기기만은 민심을 알려는 정치가에게도, 적의 상황을 알려는 군인에게도, 또는 재정 상태를 알려는 실업가에게도 모두 틀림없이 일어난다. 나는 자기기만을 수정해야만 하는 이지理智의 존재를 부정하지 않는다. 동시에 여러 가지 세상사를 다스리는 '우연'의 존재도 인정한다. 하지만 모든 정열은 이성의 존재를 잊어버리기 쉽다. '우연'은 말하자면 신神의 의지다. 그렇다면 우리의 자기기만은 세계 역사를 좌우하는, 가장 영구한 힘인지도 모른다.

결국 이천여 년의 역사는 하찮은 일개 클레오파트라의 코 여하에 달려있었던 게 아니었다. 오히려 지상에 가득한 우리의 어리석음 때문이었다. 비웃음을 살만한— 그러나 장엄한 우리의 어리석음 탓이었다.

수신修身

도덕은 편의의 다른 이름이다. 즉 '좌측통행'과 비슷하다.

도덕이 준 혜택은 시간과 노력의 절약이다. 도덕이 준 손해는 완전한 양심의 마비다.

무분별하게 도덕에 반하는 사람은 경제관념이 희박한 사람이다. 무분별하게 도덕에 굴하는 사람은 겁쟁이거나 게으름뱅이다.

우리를 지배하는 도덕은 자본주의에게서 상처를 입은 봉건시대의 도덕이다. 우리는 손해 이외엔, 거의 아무런 혜택도 입지 않았다.

강자는 도덕을 유린하리라. 약자는 도덕의 애무를 받으리라. 그러나 도덕의 박해를 받는 사람은 언제나 강약의 중간에 처한 사람이다.

도덕은 항상 헌옷과 같다.

양심은 우리 수염처럼 나이와 함께 생기지 않는다. 우리는 양심을 얻기 위해서 얼마쯤 훈련이 필요하다.

한 국민의 구할 이상은 평생 양심을 가지지 않는다.

우리의 비극은 나이가 어린 탓에 또는 훈련이 부족한 까닭에, 미처 양심을 얻기 전에 파렴치한의 비난을 받는 일이다.
우리의 희극은 나이가 어린 탓에 또는 훈련이 부족한 까닭에, 파렴치한의 비난을 받은 뒤에 겨우 양심을 얻는 일이다.

양심은 엄숙한 취미다.

양심은 도덕을 만들지도 모른다. 그러나 도덕은 지금까지 양심의 양 자도 만든 적이 없다.

양심도 모든 취미처럼 병적인 애호가를 가지고 있다. 그런 애호가는 십중팔구 총명한 귀족이거나 부호富豪다.

좋아함과 싫어함

나는 오래된 술을 좋아하듯이 오래된 쾌락설을 사랑한다. 우리 행위를 결정하는 것은 선도 아니며 악도 아니다. 다만 우리의 좋아함과 싫어함에 달렸다. 또는 우리의 유쾌함과 불쾌함에 좌우된다. 그렇게밖에 나는 생각할 수 없다.

그럼 왜 우리는 몹시 추운 날씨에도 막 물에 빠져 익사하려는 어린이를 볼 때, 자진해서 물에 들어가는 것일까? 목숨 구하는 일을 유쾌하게 여기기 때문이다. 그럼 물에 들어가는 불쾌함을 무릅쓰고 아이를 구하는 유쾌함을 선택하는 행동은 어떤 기준 때문일까? 더 큰 유쾌함을 선택한 탓이다. 그러나 육체적 쾌·불쾌와 정신적 쾌 · 불쾌는 동일한 기준으로 잴 수 없다. 아니, 이 두 가지 쾌·불쾌는 완전히 양립하지 않는다. 오히려 짠물과 민물처럼 하나로 융합되어 있다. 실제로 정신적인 교양을 받지 않은 교토, 오사카 부근의 신사제군은 자라 국물을 마신 뒤에 장어를 반찬으로 밥 먹는 일조차 더할 수 없는 쾌락으로 열거하지 않는가?

또 찬물과 추위에서도 육체적 향락을 느끼는 일은 한중 수영寒中水泳이 보여주는 바이다. (그래도 이런 사실을 의심하는 사람은 마조히즘의 경우를 생각해 보라. 그 저주할 마조히즘은 이런 육체적 쾌 · 불쾌의 외견상 도착倒錯에다 상습적 경향이 더해진 것이다. 내가 믿는 바로는, 더러는 죽을 때까지 기둥 위에 선 채로 있는 고행을 기뻐하고, 기둥에 묶여 창에 찔리고 화형을 당하는 순교를 사랑한 기독교 성인聖人들은 대부분 마조히즘에 걸렸던 것 같다.)

우리 행위를 결정하는 것은 옛날 그리스인이 말했듯이, 좋음과 싫음밖에는 없다. 우리는 인생의 샘에서 최대의 맛을 퍼내지 않으면 안 된다. '바리새인처럼 슬픈 얼굴을 하지 말라.' 예수조차 이미 그렇게 말하지 않았는가. 현인賢人이란 끝내 가시밭길에서도 장미꽃을 피우는 사람을 말한다.

어릿광대 난쟁이의 기도

저는 이 색깔을 물들인 옷을 입고 공중제비 재주를 바치며 태평을 즐기면 부족함이 없는 어릿광대입니다. 제발 제 소원을 들어주십시오.

제발 쌀 한 톨조차 없을 정도로 가난해지지 않게 해주십시오. 제발 곰 발바닥 요리마저 싫어질 정도로 부유해지게도 하지 말아주십시오.

제발 뽕잎을 따는 시골여자조차 싫어하지 않도록 해주십시오. 제발 후궁의 미인마저 사랑하게 하지도 말아주십시오.

제발 콩과 보리도 구별 못할 정도로 어리석게 하지도 말아주십시오. 제발 하늘을 떠도는 기운을 살필 정도로 총명하게도 하지 말아주십시오.

그 중에서도 제발 용감한 영웅이 되지 않게 해주십시오. 저는 지금 어쩌면 오르기 힘든 산봉우리의 꼭대기를 오르며 넘기 어려운 바다의 파도를 건너며— 말하자면 불가능을 가능으로 꿈꾸는 것입니다. 그런 꿈을 꾸고 있을 때만큼 두려운 적은 없습니다. 저는 용과 싸우듯이 이 꿈과 싸우는 데 괴로워하고 있습니다. 제발 영웅이 되지 않게— 영웅의 뜻을 세우지 않도록 힘없는 저를 지켜주십시오.

저는 이 봄날 술에 취해 이 청춘의 노래를 부르며 이렇게 좋은 날을 기뻐하면 부족함이 없는 난쟁이입니다.

신비주의

신비주의는 문명을 위해서도 쇠퇴해서는 안 된다. 오히려 문명은 신비주의한테 장족의 발전을 제공해야 한다.

옛 사람은 우리 인간의 선조는 아담이라고 믿었다. 이는 창세기를 믿는다는 뜻이다. 현대인은 이미 중학생조차 원숭이라고 믿는다. 이는 다윈의 저서를 믿는다는 말이다. 결국 책을 믿는다는 사실은 현대인도 옛 사람도 다르지 않다. 더욱이 옛 사람은 적어도 창세기를 읽었었다. 현대인은 몇몇의 전문가를 제외하곤 다윈의 저서를 읽지 않았음에도 태연히 그 설을 믿는다. 원숭이를 선조라 믿는 일은 야훼의 숨이 닿은 흙— 아담을 선조로 믿는 일보다 훌륭한 신념은 아니다. 그런데도 현대인은 모두 이런 신념에 만족한다.

이것은 진화론뿐만이 아니다. 지구는 둥글다는 사실조차, 이 사실을 정말로 아는 사람은 소수다. 대다수는 언젠가 배워서, 둥글다고 외곬으로 믿는 것에 불과하다. 왜 둥글까 하고 추궁하면 위로는 총리에서 밑으로는 박봉의 월급쟁이에 이르기까지 사실상 설명할 수 없다.

다음 예를 하나 더 들자면 현대인은 누구도 옛 사람처럼 유령의 실재를 믿는 사람은 없다. 그러나 유령을 보았다는 말은 여전히 가끔 들린다. 그럼 왜 그런 말을 믿지 않는가? 유령 따위를 보는 사람은 미신에 사로잡혔기 때문이다. 그럼 왜 미신에 사로잡히는가? 유령 따위를 보기 때문이다. 이런 옛 사람의 논법은 물론 이른바 순환논리에 지나지 않는다.

하물며 더더욱 복잡하게 뒤얽힌 문제는 전적으로 신념에 입각한 문제이다. 우리는 이성에 귀를 기울이지 않는다. 아니, 이성을 초월한 어떤 사람만이 이성에 귀를 기울인다. 어떤 사람— 나는 '어떤 사람' 말고는 이에 어울리는 이름을 발견하지 못했다. 만약 억지로 이름 붙인다면 장미나 생선, 양초와 같은 상징을 쓸 수밖에 없다. 예를 들면 우리는 깃털 달린 모자 대신 펠트 중절모를 쓰는 시대 유행처럼, 우리 선조가 원숭이라는 것을 믿고, 유령이 실재하지 않는다는 것을 믿고, 지구가 둥글다는 사실을 믿는다. 만약 거짓말이라고 생각하는 사람은 일본인에게 아인슈타인 박사 또는 그 상대성원리가 환영 받았던 일을 생각해 보라. 그것은 신비주의의 축제이며 불가해하고 장엄한 의식이었다. 무엇을 위해 열광했었는가는 '가이조'* 사주社主 야마모토 씨조차 모른다.

그렇다면 위대한 신비주의자는 스베덴보리*나 비메* 등이 아니다. 오히려 우리 문명의 백성이다. 동시에 우리 신념도 미쓰코시 백화점의 쇼윈도에서 선택할 문제가 아니다. 우리 신념을 지배하는 것은 늘 붙잡기 힘든 유행이다. 또는 신의 의도와 유사한 좋고 싫음의 느낌이다. 사실 서시*나 용양군*의 선조도 또한 원숭이였다고 생각하는 일은 어느 정도 만족을 준다.

---

* 가이조改造_ 종합잡지의 이름.
* 스베덴보리 (1688~1772)_ 스웨덴 철학자, 신학자.
* 비메 (1575~1624)_ 독일 철학자, 범신론적 경향의 신지학을 전개함.
* 서시西施_ 중국 춘추전국시대 월나라의 미녀.
* 용양군龍陽君_ 중국 전국시대의 위나라의 신하.

자유의지와 숙명

여하튼 숙명을 믿으면, 죄악 같은 것이 존재하지 않기 때문에 징벌의 의미도 잃고, 죄인을 대하는 우리의 태도도 관대해지리라. 동시에 자유의지를 믿으면, 책임 관념이 생기고 양심의 마비를 피할 수 있기 때문에, 자기 자신을 대하는 우리 태도는 반드시 엄숙해지리라. 그럼 어느 쪽을 따를 것인가?

나는 태연하게 대답하고 싶다. 반은 자유의지를 믿고, 반은 숙명을 믿어야 한다. 또는 반은 자유의지를 의심하고, 반은 숙명을 의심해야 한다. 왜냐하면 우리는 자기에게 주어진 숙명 때문에 우리의 아내를 맞아들이지 않았던가? 또한 우리는 자신에게 베풀어진 자유의지 때문에, 꼭 그렇지 않지만 아내의 요구대로 옷가지를 사줘야 하지 않는가?

자유의지와 숙명은 어쨌든 신과 악마, 아름다움과 추함, 용감과 비겁, 이성과 신앙— 그밖에 모든 저울의 양끝에는 이런 태도를 취해야 한다. 옛 사람은 이런 태도를 중용이라고 불렀다. 중용은 영어로 굿 센스good sense다. 내가 믿는 바로는 굿 센스가 없으면 어떠한 행복도 얻을 수 없다. 만약 그럼에도 얻을 수 있다면, 찌는 날씨에 숯불을 끌어안거나 매서운 추위에 부채를 부치는, 억지 행복일 뿐이다.

아이

군인은 아이와 비슷하다. 영웅다운 태도를 기뻐하며, 이른바 영광을 선호하는 것은 새삼스럽게 여기에서 말할 필요도 없다. 기계적인 훈련을 품위 있게 하며 동물적인 용기를 중시하는 것도 초등학교에서만 볼 수 있는 현상이다. 살육을 아무렇지도 않게 여기는 점도 더더욱 아이와 다를 바 없다. 특히 아이와 유사한 점은, 나팔소리나 군가로 고무받으면, 무엇을 위해 싸우는지 묻지도 않고 흔연히 적에게 달려든다는 사실이다.

따라서 군인이 자랑으로 삼는 것은 반드시 아이의 장난감과 비슷하다. 갑옷과 투구는 성인 취향엔 어울리지 않는다. 훈장도— 나는 정말로 이상하게 느낀다. 어째서 군인들은 술에 취하지 않고서도 훈장을 달고 돌아다닐 수 있는 것일까?

무기武器

정의는 무기와 같다. 무기는 돈만 내면 적이든 아군이든 살 수 있다. 정의도 핑계를 대기만 하면 적이든 아군이든 살 수 있다. 예로부터 '정의의 적' 이란 이름은 포탄처럼 서로 쏘아댔다. 그러나 수사修辭에 현혹되지 않는다면 어느 쪽이 진짜 '정의의 적'인지 거의 확실한 예가 없었다.

일본인 노동자는 다만 일본인으로 태어났기 때문에 파나마로부터 퇴거 명령을 받았다. 이것은 정의에 반한다. 아메리카는 신문이 전하는 바처럼 '정의의 적'이라고 말하지 않으면 안 된다. 그러나 중국인 노동자도 또한 중국인으로 태어났기 때문에 센주千住로부터 퇴거 명령을 받았다. 이것도 정의에 반한다. 일본은 신문이 전하는 바처럼 아니, 일본은 이천 년 이래 언제나 '정의의 편'이다. 정의는 지금까지 일본의 이해와 한 번도 모순된 적이 없었다.

무기 그 자체는 두려울 것이 없다. 두려운 것은 무인의 기량이다. 정의 그 자체도 두려울 것이 없다. 두려운 것은 선동가의 웅변이다. 무후*는 세상을 염두에 두지 않고 냉정하게 정의를 유린했다. 그러나 이경업의 난을 맞아 낙빈왕*의 회장回章을 읽었을 땐 어쩔 수 없이 얼굴색이 변했다.

일배토미건一杯土未乾 육척고안재六尺孤安在

한 줌 흙은 아직도 마르지 않았는데 육척의 고독한 몸은 어디에 있느냐.

이 쌍구는 타고난 민중선동가 기질이 없으면 나올 수 없는 명언이기 때문이었다. 나는 역사를 뒤적일 때마다 유슈칸*을 생각한다. 과거라는 이름의 복도엔 어두컴컴한 가운데 가지각색 정의가 진열되어 있다. 청룡도와 닮은 것은 유교가 가르치는 정의이리라. 기사의 창과 닮은 것은 기독교가 가르치는 정의이리라. 여기에 굵은 몽둥이가 있다. 이것은 사회주의자의 정의이리라. 저기에 수술이 달린 긴 칼이 있다. 저것은 국가주의자의 정의이리라. 나는 그러한 무기를 보면서 숱한 전쟁을 상상하고 저절로 심장 고동이 고조될 때가 있다. 그러나 아직 행인지 불행인지 나 자신은 그 무기 중의 하나를 잡고 싶다고 생각한 적은 없다.

---

* 무후武后 (623~705)_ 측천무후, 당나라 고종의 황후.
* 낙빈왕駱賓王_ 당나라의 시인.
* 유슈칸遊就館_ 야스쿠니 신사 소속의 무기 박물관.

존왕尊王

17세기 프랑스 이야기다. 어느 날 부루고뉴 공작은 아베*에게 이런 말을 물었다. 샤를 6세는 미치광이였는데 그런 의미를 완곡하게 전하려면 뭐라고 말해야 좋은가? 아베는 곧바로 이렇게 대답했다.

"저 같으면 그저 이렇게 말하겠습니다. 샤를 6세는 미치광이였다고."

아베는 이 대답을 한평생에 모험의 하나로 꼽으며 두고두고 자랑했다고 한다.

17세기 프랑스는 이런 일화를 남길 정도로 존왕 정신이 대단했다고 한다. 그러나 20세기 일본도 존왕 정신이 굉장하다는 점에서 당시의 프랑스에 뒤떨어지지 않을 듯싶다. 참으로 다행이랄까.

---

* 아베Abbe Choisy (1644~1712)_ 프랑스 작가.

창작

예술가는 언제나 의식적으로 자기 작품을 만드는지도 모른다. 그러나 작품 자체를 본다면 작품의 아름다움과 추함 그 일부분은 예술가의 의식을 초월한 신비의 세계에 속한다. 일부분? 또는 대부분이라고 해도 좋다.

우리는 이상하게도 질문하지 않고 이야기하는 데 그친다. 우리 영혼은 자연히 작품에 노출되는 것을 피할 수 없다. 불상을 조각할 때, 칼을 한 번 댈 때마다 한 번 절을 한 옛 사람의 조심성은, 이런 무의식의 경지에 대한 두려움을 말하는 것이 아닐까?

창작은 늘 모험이다. 마침내 최선을 다한 뒤 하늘에 맡겨야 한다.

소시학어고난원 少時學語苦難圓
유도공부반미전 唯道工夫半未全
도로시지미력취 到老始知非力取
삼분인사칠분천 三分人事七分天

(어려서 배울 때 쉽지 않음을 괴로워한다. 다만 공부가 완전하지 못함을 말할 뿐이다.
늙어서 비로소 힘으로 어쩔 수 없음을 깨닫는다.
삼은 사람 노력이고 칠은 하늘의 뜻이다.)
조구북趙甌北*의 〈논시論詩〉 칠절七絕은 저간의 사정을 전한다. 예술은 묘하게 끝을 알 수 없는 무서운 힘이 있다. 우리도 돈을 탐내지 않는다면, 또 명성을 좋아하지 않는다면, 마지막으로 거의 병적인 창작열에 사로잡히지 않는다면, 이 섬뜩한 예술 따위와 격투할 용기가 생기지 않았을지도 모른다. 나는 솔직히 창작만은 적어도 이삼 년 전부터, 재능도 없고 그 직분에 맞지 않는다고 포기하고 있었다.

* 조익趙翼 (1727~1814)_ 중국 청나라 문인. 구북甌北은 호.

감상

예술 감상은 예술가 자신과 감상하는 사람의 협력이다. 말하자면 감상하는 사람은 한 작품을 과제로 그 자신의 창작을 시도해 보는 것에 불과하다. 이러한 까닭에 어떤 시대에도 명성을 잃지 않는 작품은, 반드시 여러 가지 감상을 가능하게 하는 특색이 있다. 그러나 여러 가지 감상이 가능하다는 의미는, 아나톨 프랑스가 말한 대로, 어딘가 모호하기 때문에, 어떠한 해석을 내리기에도 쉽다는 뜻은 아니다. 오히려 여산廬山의 봉우리처럼, 여러 처지에서 감상할 수 있는 다면성多面性을 갖춘 것이다.

고전古典

고전 작가가 행복한 까닭은, 어쨌든 그들이 죽었다는 데 있다.

그리고 우리가— 또는 여러분이 행복한 까닭도 어쨌든 그들이 죽었다는 데 있다.

환멸의 예술가

예술가의 어느 한 부류는 환멸의 세계에서 산다. 그들은 사랑을 믿지 않는다. 양심도 믿지 않는다. 다만 옛날의 고행자처럼 불모의 사막을 집으로 삼는다. 그런 점은 정말 불쌍할지도 모른다. 그러나 아름다운 신기루는 사막의 하늘에만 생긴다. 온갖 세상사에 환멸을 느낀 그들도 거의가 예술엔 환멸을 느끼지 않는다. 아니, 예술을 말하기만 하면 보통 사람은 알지 못하는 황금빛 꿈이 순식간 공중에 나타난다. 그들도 실은 뜻밖에 행복한 순간을 갖는다.

고백

완전히 자기를 고백하기란 아무나 할 수 없다. 또한 자기를 고백하지 않고선 어떤 표현도 할 수 없다.

루소는 고백을 좋아한 사람이다. 그러나 적나라한 그 자신은 참회록에서도 발견할 수 없다. 메리메는 고백을 싫어한 사람이다. 그러나 '콜롱바'*는 은연중에 그 자신을 이야기하지 않을까? 이른바 고백문학과 다른 문학의 경계선은 눈에 띄게 확실하지 않다.

* 콜롱바Colomba_ 프랑스 소설가인 메리메의 중편소설 작품.

인생

이시구로 사다카즈*군에게

만약 수영을 배우지 못한 사람에게 헤엄치라고 명령하는 사람이 있다면, 누구나 무리라고 생각한다. 만약 러닝을 배우지 못한 사람에게 달리라고 명령하는 사람이 있다면, 또한 억지라고 생각한다. 하지만 우리는 태어날 때부터 이런 터무니없는 명령을 받은 것이나 다름없다.

우리는 어머니 뱃속에 있을 때 인생을 살아가는 법을 배웠겠는가? 그러나 어머니 뱃속에서 나오자마자, 어쨌든 커다란 경기장 같은 인생의 한가운데로 들어왔다. 물론 수영을 배우지 못한 사람은 만족스럽게 헤엄칠 수 없다. 마찬가지로 러닝을 배우지 못한 사람은 대부분 남에게 뒤처지기 마련이다. 그렇다면 우리는 상처를 입지 않고 인생의 경기장에

* 이시구로 사다카즈石黑定一_ 아쿠타가와가 1921년 중국 여행에서 알게 된 친구. 당시 미쓰비시 은행 상해지점에 근무했다.

나설 수 없다.

세상 사람들은 이렇게 말할지도 모른다. '앞서 배웠던 사람들을 보라. 거기에 너희의 모범이 있다'고. 그러나 수영하는 사람 백 명과 러너 천 명을 바라본들, 금방 수영을 배우거나 러닝에 익숙해지는 것은 아니다. 뿐만 아니라 수영하는 사람들은 모두 많은 물을 먹었고, 또 러너들은 한 명도 남김없이 경기장에서 흙투성이가 되었다. 보라, 세계 명선수들조차 대부분 미소 뒤에 찌푸린 얼굴을 감추지 않는가?

인생은 미친 사람들이 주최한 올림픽 대회와 같다. 우리는 인생과 싸워가며 인생과 싸우는 법을 배워야 한다. 이런 터무니없는 게임에 분개하는 사람은 어서 이 테두리 밖으로 나가라. 자살도 확실히 한 방법이다. 그렇지만 인생의 경기장에 머물고 싶은 사람은 상처를 두려워 말고 싸워야 한다. 네 발로 기는 러너는 우스꽝스럽고 비참하다. 물 먹은 모습의 수영하는 사람도 눈물과 웃음을 자아낸다. 우리는 그들처럼 인생의 비극과 희극을 연출한다. 상처 입는 일은 어쩔 수 없다. 그러나 그 상처를 견디기 위해선— 세상 사람들은 뭐라고 할지 모른다. 나는 언제나 동정과 익살을 갖고 싶다.

인생은 한 갑의 성냥과 비슷하다. 귀중히 다루기에는 시시하다. 그렇다고 함부로 다루면 위험하다.

인생은 낙장이 많은 책과 비슷하다. 한 권을 이뤘다고는 말하기 어렵다. 그러나 어쨌든 한 권을 이룬다.

어느 자경단원自警團員*의 말

자, 경계 근무를 서자. 오늘 밤은 별도 나뭇가지에 선선한 빛을 비춘다. 미풍도 슬슬 불기 시작한다. 자, 이 등나무 긴 의자에 드러누워, 한 그루 마닐라에 불을 붙여 밤새도록 경계를 서자. 만약 목이 마르면 수통의 위스키를 마시면 된다. 다행히 아직 포켓에는 초콜릿이 남아 있다.

들어라, 높은 나뭇가지에서 잠자던 새가 시끄럽게 떠드는 것을. 새는 이번 대지진에도 어려움이 없었다. 그렇지만 우리 인간은 의식주라는 편의를 잃어버려서 온갖 고통을 겪는다. 아니, 의식주 걱정할 때가 아니다. 한 잔의 시트론*을 마시지 못하는, 적잖은 부자유를 견딘다. 인간이라는 두 발 달린 짐승은 어쩌면 이토록 한심한 동물인가. 우리는

* 자경단은 1918년 쌀 소동을 계기로 경찰이 결성한 자경조직을 말한다. 관동대지진이 일어났을 때, 조선인 폭동이란 유언비어에 무장한 자경단이 조선인 학살에 가담했었다.
* 시트론citron_ 시트론 열매로 만든 청량음료.

일단 문명을 잃어버리면, 그야말로 바람 앞에 등불처럼 불안한 생명을 지키지 않으면 안 된다. 보라, 새는 벌써 조용히 잠자리에 들었다. 이불과 베개를 모르는 새들은!

새들은 벌써 잠자리에 들었다. 꿈도 우리보다 평온하리라. 새는 오직 현재를 산다. 그러나 우리 인간은 과거와 미래에도 살지 않으면 안 된다. 이는 회한과 고통을 맛볼 수밖에 없다는 뜻이다. 특히 이번 대지진은 얼마나 우리 미래에 외로운 암흑을 던졌을까. 도쿄를 불태운 우리는 오늘의 굶주림에 괴로워하며 내일의 굶주림에도 괴로워한다. 새는 행복하게도 이런 고통을 모른 채, 아니, 새뿐만이 아니다. 오직 우리 인간만이 삼세三世의 고통을 안다.

고이즈미 야쿠모*는 인간보단 나비가 되고 싶다고 말했다고 한다. 나비— 말하자면 저 개미를 보라. 만약 고통이 적은 것을 행복이라고 한다면 개미도 우리보다 행복하리라. 그렇지만 우리 인간은 개미가 모르는 쾌락을 안다. 개미는 파산이나 실연

* 고이즈미 야쿠모小泉八雲 (1850~1904)_ 작가, 영문학자.

때문에 자살하지 않으리라. 하지만 우리처럼 즐거운 희망을 가질 수 있을까? 나는 아직도 기억한다. 달 밝은 낙양의 폐도廢都에서, 이태백이 시 한 수조차 모르는 수많은 개미떼를 불쌍히 여긴 일을!

그러나 쇼펜하우어는— 자, 철학은 그만두게. 우리는 아무튼 저쪽으로 왔던 개미와 분명히 큰 차이가 없다. 만약 그 사실만이라도 확실하다면, 우리는 모든 인간다운 감정을 더욱 소중하게 여기지 않으면 안 된다. 자연은 다만 냉담하게 우리의 고통을 지켜본다. 우리는 서로 연민을 가져야만 한다. 하물며 살육을 즐거워하다니. 으레 상대를 목졸라 죽이는 일은 의논하는 것보다 손쉽다고 했다.

밤은 벌써 열두 시를 지난 듯하다. 별은 변함없이 머리 위에서 선선한 빛을 비춘다. 자, 자네는 위스키를 마시게. 나는 긴 의자에 드러누운 채 초콜릿을 먹도록 하지.

지상낙원

지상낙원의 광경은 자주 시가詩歌로 읊어졌다. 그러나 나는 아직 유감스럽게도, 그런 시인의 지상낙원에서 살고 싶지 않다. 기독교도의 지상낙원은 결국 지루한 파노라마이리라. 도교 학자의 지상낙원도 결국 삭막한 중국요릿집에 불과하리라. 하물며 근대의 유토피아 따위는— 윌리엄 제임스*가 전율한 것을 어떤 사람은 기억하리라.

내가 꿈꾸는 지상낙원은 그런 천연의 온실이 아니다. 또한 그처럼 학교를 겸한 식당이나 의복 배급소도 아니다. 다만 그곳에 살면— 부모는 아이가 성인이 됨과 더불어 반드시 죽는다. 그리고 남녀형제는 설사 악인으로 태어났다고 해도 결코 바보로는 태어나지 않아서 조금도 서로 귀찮게 하지 않는다. 게다가 여자는 아내가 되자마자 가축의 영혼이 머물러서 고분고분하게 변한다. 또 아이는 남녀를

* 윌리엄 제임스William James (1842~1910)_ 미국의 철학자, 심리학자.

불문하고 부모의 의지와 감정대로 하루에 몇 번씩 이나 귀머거리와 벙어리와 겁쟁이와 장님이 된다. 그리고 갑이라는 친구는 을이라는 친구보다 가난하지 않고 동시에 을이라는 친구는 갑이라는 친구보다 부자가 되지 않는, 서로 상대를 칭찬하는 일에 더없는 만족을 느끼는— 대체로 이런 점을 생각하면 된다.

이것은 특별히 나 혼자만의 지상낙원이 아니다. 또한 세상 가득한 선남선녀의 지상낙원이다. 예로부터 시인과 학자는 그 황금빛 명상 속에서 이런 광경을 꿈꾸지 않았다. 꿈꾸지 않았다 해도 별로 이상한 일은 아니다. 이런 광경은 꿈꾸기에도, 너무나 진실한 행복으로 넘쳐 나기 때문이다.

—부기附記

내 조카는 렘브란트 초상화 사는 것을 꿈꾼다. 그러나 그는 용돈을 십만 원 받는 것을 꿈꾸지 않는다. 이것도 십만 원이란 용돈은 너무나 진실한 행복으로 넘쳐나기 때문이다.

폭력

인생은 늘 복잡하다. 복잡한 인생을 간단하게 하는 것은 폭력뿐이다. 따라서 석기시대의 뇌밖에 가지지 못한 문명인은 이따금 논쟁보다 살인을 사랑한다.

그러나 권력도 결국 전매특허를 얻은 폭력이다. 우리 인간을 지배하기 위해서 폭력은 필요할지도 모른다. 또는 필요 없을지도 모른다.

인간다움

나는 불행히도 '인간다움'에 예배할 용기가 없다. 아니, 자주 '인간다움'에 경멸을 느낀다. 그렇지만 항상 '인간다움'에 사랑을 느끼는 것도 사실이다. 사랑을? 어쩌면 사랑보다는 연민일지도 모른다. 하지만 어쨌든 '인간다움'에 마음이 움직이지 않는다면 인생은 도저히 살기 어려운 정신병원으로 변할 듯싶다. 스위프트*가 끝내 미쳐버린 것도 당연한 결과다.

스위프트는 미치기 직전에 나뭇가지만 마른 나무를 보면서, '나는 저 나무와 비슷하다. 머리부터 먼저 못 견디게 되는 거야.' 하고 중얼거렸다고 한다. 이 일화를 생각할 때마다 언제나 전율을 느낀다. 나는 스위프트만큼 머리 좋은 한 시대의 귀재鬼才로 태어나지 않은 일을 은근히 행복하게 생각한다.

---

* 스위프트Jonathan Swift (1667~1745)_ 영국 작가. 대표작 〈걸리버 여행기〉.

참나무 잎

완전한 행복은 백치에게만 주어진 특권이다. 어떤 낙천주의자라고 해도 시종 웃는 얼굴로 삶의 마침표를 찍을 수 없다. 아니, 만약 정말로 낙천주의를 인정한다면, 그것은 다만 어떻게 하면 행복하게 절망할까 하는 식이다.

'집에서 그릇에 담는 밥도 노숙여행 중에는 참나무 잎에 담는다.'는 말은 여행의 정취만을 노래하지 않는다. 우리는 언제나 '…하고 싶다'는 욕망 대신에 '…할 수 있다'는 가능성과 타협한다. 학자는 이 참나무 잎에 여러 가지 아름다운 이름을 지어주었으리라. 그러나 아무 생각 없이 참나무 잎을 손으로 잡고 보면 참나무 잎은 항상 참나무 잎이다.

참나무 잎이 참나무 잎임을 한탄하는 일은 참나무 잎이 식기食器임을 주장하는 일보다 확실히 존경할만하다. 그렇지만 참나무 잎이 참나무 잎임을 하나의 웃음거리로 여기는 일보단 지루하리라. 적어도 한평생 동안 같은 한탄을 반복하는 데 질리지 않는 일은 우스꽝스럽고 부도덕한 짓이다. 사실 위대한 염세주의자는 찌푸린 얼굴만 하고 있지 않다. 불치병에 걸린 레오파르디*조차 때론 창백한 장미꽃에 쓸쓸한 미소를 보였다…….

—추기追記

부도덕이란 과도함의 다른 이름이다.

* 레오 파르디Giacomo Leopardi (1798~1837)_ 이탈리아 시인.

불타佛陀

싯다르타는 왕궁에서 몰래 빠져나간 뒤 6년 동안 고행을 했다. 6년간 고행을 한 까닭은, 물론 극도로 사치스런 왕궁 생활의 응보 때문이었다. 그 증거로, 나사렛의 목수 아들은 40일밖에 단식하지 않았다고 한다.

싯다르타는 찬다카*에게 말고삐를 잡게 하여 몰래 성을 빠져나왔다. 하지만 지나치게 깊이 생각하는 버릇은 자주 그를 우울하게 만들었다고 한다. 그러면 성을 몰래 빠져나간 뒤, 겨우 한숨을 돌린 사람은 사실상 장래의 석가모니였을까, 아니면 그의 아내 야수다라*이었을까, 쉽게 단정할 수 없을 성싶다.

* 찬다카Chandaka_ 싯다르타가 출가할 때 마부로서 도운 인물. 깨달음을 얻은 후 아라한이 되었다.
* 야수다라耶輸陀羅_ 석가모니가 출가하기 전의 왕비. 석가모니의 외사촌으로 석가모니가 도를 깨달은 후 출가하여 비구니가 되었다.

싯다르타는 6년간 고행을 한 후 보리수 밑에서 정각正覺에 이르렀다. 그가 깨달음에 이른 전설은 얼마나 물질이 정신을 지배하는가 말해준다. 그는 먼저 목욕을 했다. 그리고 우유에 쌀을 졸인 음식을 먹었다. 그러고 나서 나중에 난다바라라 불리는 소몰이 소녀와 이야기했다.

정치적인 천재

옛부터 정치적인 천재는 민중의 의지를 그 자신의 의지로 삼는 것처럼 여겨졌다. 그러나 이는 정반대다. 오히려 정치적인 천재란 그 자신의 의지를 민중의 의지로 삼는 사람을 말한다. 적어도 민중의 의지인 것처럼 믿게 하는 사람을 말한다. 이런 까닭에 정치적인 천재는 배우적인 천재를 아울러 갖추는 듯싶다. 나폴레옹은 '장엄함과 우스꽝스러움은 겨우 한 발자국 차이다.'고 말했다. 이 말은 제왕이라기보다는 명배우의 말이라는 편이 어울릴 듯하다.

민중은 대의를 믿는다. 하지만 정치적인 천재는 늘 대의 그 자체에 돈 한 푼도 던지지 않는다. 다만 민중을 지배하려고 대의의 가면을 쓴다. 그렇지만 한 번 쓰기만 하면 대의의 가면은 영영 벗을 수 없다. 만약 억지로 벗기려 한다면 어떤 정치적인 천재도 한순간 비명에 쓰러지고 만다. 끝내 제왕도 왕관 때문에 스스로 지배받는다. 그러므로 정치적인 천재의 비극은 반드시 희극과 겹쳐진다.

사랑은 죽음보다 강하다

'사랑은 죽음보다 강하다'는 말은 모파상의 소설에도 있다. 그러나 죽음보다 강한 것은 물론 이 세상에 사랑뿐만이 아니다. 예컨대 티푸스 환자가 비스킷을 하나 먹었기 때문에 애꿎게 죽는 일은 식욕도 죽음보다 강하다는 증거다. 식욕 말고도 애국심이라든가 종교적인 감격, 인도적 정신, 사리사욕, 명예심, 범죄적 본능— 이밖에도 죽음보다 강한 것은 아주 많다. 한마디로 모든 정열은 죽음보다 강하다. (물론 죽음을 향한 정열은 예외다.) 그런데 사랑은 그런 것들 중에서도 특히 죽음보다 강한지 어떤지 쉽게 단정할 수 없다. 언뜻 보기에 죽음보다 강한 사랑이라고 보기 쉬운 경우조차, 사실상 우리를 지배하는 것은 프랑스인의 이른바 보바리즘이다. 우리 자신을 전설 속의 애인처럼 공상하는 보바리 부인 이후의 감상주의다.

지옥

인생은 지옥보다 더 지옥스럽다. 지옥의 고통은 일정한 법칙을 벗어나지 않는다. 말하자면 아귀도餓鬼道의 고통은 눈앞에 밥을 먹고자 하면 밥에 불 붙는 따위다. 그렇지만 인생의 고통은 불행히도 그렇게 단순하지 않다. 눈앞에 밥을 먹으려 하면 불붙는 수도 있고, 또 뜻밖에 쉽게 먹을 수도 있다. 뿐만 아니라 쉽게 먹은 뒤에 장염이 생길 수도 있고, 또 뜻밖에 쉽사리 소화할 수도 있다. 이런 무법칙 세계에 순응하는 일은 누구라도 용이하지 않다. 만약 지옥에 떨어진다면 나는 반드시 순식간에 아귀도의 밥을 훔치리라. 하물며 바늘산이나 피血 연못 따위는 이삼 년 거기에 살면 익숙해져서 각별히 큰 고통을 느끼지 않으리라.

스캔들

대중은 스캔들을 사랑한다. 뱌쿠렌* 사건, 아리시마* 사건, 무샤노코지* 사건— 사람들은 얼마나 이런 남의 명예가 달린 사건들에서 더없는 만족을 찾아내는가. 그럼 왜 사람들은 스캔들을— 특히 유명인사의 스캔들을 사랑하는 것일까? 구르몽*은 이렇게 대답했다.

"감춰진 자기 스캔들도 당연한 일인 듯 보여주기 때문이다."

구르몽의 대답은 맞는 말이다. 그러나 반드시 그뿐만이 아니다. 스캔들조차 일으킬 수 없는 세상사람은 모든 명사의 스캔들에서, 그들이 겁내는 일을 변명할 적당한 무기를 발견한다. 또한 사실상 존재하지 않는 그들의 우월을 수립할 적당한 토대를 만

* 뱌쿠렌柳原白蓮 (1885~1967)_ 여자 가수.
* 아리시마有島武郎 (1878~1923)_ 소설가.
* 무샤노코지武者小路實篤 (1885~1976)_ 작가.
* 구르몽Remy de Gourmont (1858~1915)_ 프랑스 소설가. 비평가.

든다.

"나는 뱌쿠렌 여사보다 미인은 아니다. 그러나 뱌쿠렌 여사보다 정숙하다."

"나는 무샤노코지보다……"

대중은 이렇게 말한 뒤에 돼지처럼 행복하게 깊은 잠에 들었으리라.

천재의 일면은 확실히 스캔들을 일으킬 수 있는 재능이다.

여론

여론은 항상 린치lynch이며, 또한 린치는 항상 오락이다. 이를테면 피스톨pistol을 사용하는 대신 신문기사를 이용했더라도.

여론이 존재할 가치가 있는 이유는, 다만 여론을 유린하는 흥미를 제공하는 데 있다.

적의敵意

적의는 추위처럼 선택의 여지가 없다. 적당히 느낄 때는 상쾌하며, 또한 건강 유지를 위해서 누구나 절대로 필요하다.

유토피아

완전한 유토피아가 나타나지 않는 이유는 대체로 다음과 같다.

—인간성 자체를 바꾸지 않으면 완전한 유토피아가 나타날 리 없다. 인간성 자체를 바꾼다면 완전한 유토피아라고 생각했던 것도 금세 불완전하게 느껴진다.

위험 사상

위험 사상이란, 상식을 실천에 옮기는 사상이다.

악惡

예술적 기질이 있는 청년은 결국엔 인간의 악을 발견한다.

나는 초등학교 독본에서 니노미야 손토쿠*의 소년시절을 읽었던 일을 기억한다. 가난한 집 아이인 손토쿠는 낮에는 농사일을 거들고 밤에는 짚신을 만들며, 어른처럼 일하며 씩씩하게 줄곧 독학을 했다고 한다. 이것은 온갖 입지전立志傳처럼— 모든 통속소설처럼 감격하기 쉬운 이야기다. 사실상 열다섯도 안 된 나는 손토쿠의 기개에 감격해서 손토쿠처럼 가난한 집에서 태어나지 못한 일을 불행의 하나라고 생각했다…….

그렇지만 이 입지전은 손토쿠에게 명예를 준 대신, 물론 손토쿠 부모에게는 불명예를 준 이야기다. 그들은 손토쿠 교육에 추호도 편의를 주지 않

* 니노미야 손토쿠二宮尊德 (1787~1856)_ 에도시대 말기의 농정가農政家.

았다. 아니, 오히려 방해만 했다. 이는 부모의 책임상, 확실히 치욕이다. 그러나 우리 부모와 교사는 순진하게도 이 사실을 잊어버렸다. 손토쿠 부모는 술꾼이나 노름꾼이라도 좋다.

문제는 오직 손토쿠다. 어떤 고생을 해도 독학을 그만두지 않는 손토쿠에게 있다. 우리의 소년들은 손토쿠처럼 용맹하게 뜻을 키워야만 한다.

나는 그들의 이기주의에 경탄한다. 그들에게 손토쿠처럼 하인 일을 하는 소년은 적당히 좋은 자식임이 틀림없다.

게다가 뒷날 명예를 얻어, 크게 부모 이름을 알리는 방법으로도 좋다. 하지만 열다섯 살도 안 된 나는 손토쿠의 기개에 감격하면서, 또한 손토쿠처럼 가난한 집에 태어나지 못한 일을 불행의 하나라고 생각했다. 마치 쇠사슬에 묶인 노예가 더 두꺼운 쇠사슬을 원하는 것처럼.

노예

노예 폐지란 오직 노예라는 자의식을 폐지함을 말한다. 우리 사회는 노예 없이는 하루도 안전을 유지하기 힘들 성싶다. 사실상 저 플라톤의 공화국조차 노예의 존재를 예상한 것은 반드시 우연이라고 할 수 없다.

폭군을 폭군이라고 부르는 일은 확실히 위험하다. 하지만 오늘날 폭군 말고 노예를 노예라고 부르는 일도 또한 매우 위험하다.

비극

비극이란 스스로 부끄러운 짓을 일부러 하지 않으면 안 되는 일이다. 따라서 만인 공통의 비극은 배설 작용을 하는 일이다

강약强弱

강자란 적을 두려워하지 않는 대신 친구를 두려워하는 사람이다. 일격에 적을 쓰러뜨리는 일엔 아무 고통도 느끼지 않지만, 자기도 모르는 사이 친구에게 상처 주는 일엔 여자아이처럼 공포를 느낀다.

약자란 친구를 두려워하지 않는 대신 적을 두려워하는 사람이다. 그러므로 곳곳에서 가공의 적만을 발견한다.

S·M의 지혜

이것은 친구 S·M이 나에게 들려준 이야기다.

변증법의 공적功績— 결국엔 누구도 바보 같은 결론에 도달하게 하는 점.

소녀— 어디까지나 맑고 차가운 여울.

조기교육— 음, 그것도 좋겠지. 아직 유치원에 있는 동안은 지혜의 슬픔을 아는 데 책임질 필요는 없으니까.

추억— 지평선이 먼 풍경화. 꼼꼼하게 마지막 손질도 되어 있지.

여자— 메리 스톱스*부인에 따르면 여자는 적어도 두 주일에 한 번 남편에게 정욕을 느낄 만큼 정숙한 듯싶다.

어린 시절— 어린 시절의 우울은 전 우주에 대한 교만이다.

* 메리 스톱스Marie Stopes (1880~1958)_ 영국 사회운동가, 산아제한론자.

고난이 그대를 보석으로 만든다— 고난이 그대를 보석으로 만든다면 일상생활에서 사려 깊은 사람은 도저히 보석이 될 수 없겠지.

우리는 어떻게 살아야 할까? 미지의 세계를 조금 남겨둘 것.

사교

모든 사교는 스스로 허위가 필요하다. 만약 티끌만한 거짓말도 보태지 않고 친구와 지인들에 대한 우리의 속마음을 모조리 드러낸다면, 그 옛날 관포지교管鮑之交의 관계라도 끝장나고야 만다. 관포지교는 잠깐 내버려두더라도, 우리는 모두 얼만큼 친구와 지인을 증오하거나 또는 경멸한다. 그러나 증오도 이해 앞에선 날카로운 칼끝을 거둬들인다. 게다가 경멸이 많으면 많을수록 흔히 허위를 토해낸다. 그러므로 우리가 친구와 지인들을 가장 친하게 사귀기 위해선, 서로 이해와 경멸을 가장 완전히 갖춰야 한다. 이것은 물론 누구에게나 무척 어려운 조건이다. 그렇지 않다면 우리는 벌써 오래 전에 친절한 신사가 되었고, 세계도 또한 오래 전에 황금시대의 평화를 이루었으리라.

번거롭고 자질구레한 일

행복한 인생을 살려면 일상생활의 번거롭고 자질구레한 일을 사랑해야 한다. 구름의 윤기, 대나무의 산들거림, 참새떼의 지저귐, 길 가는 사람의 얼굴 — 온갖 자잘한 일에서 더없는 감로甘露 맛을 느껴야만 한다.

인생을 행복하게 살려면? 그러나 사소한 일을 사랑하는 사람은 사소한 일 때문에 괴로움을 겪지 않으면 안 된다.

정원에 오래된 연못으로 뛰어든 개구리는 백 년의 우수를 깨뜨렸다. 그렇지만 오래된 연못에서 뛰쳐나온 개구리는 백 년의 우수를 주었는지도 모른다. 아니, 바쇼*의 한평생은 향락의 일생이면서 또한 누가 봐도 수난의 일생이었다. 우리도 미묘하게 즐기기 위해선 또한 미묘하게 괴로워해야만 한다.

행복한 인생을 살려면 일상생활의 번거롭고 자질

* 바쇼芭蕉 (1644~1694)_ 에도시대 전기의 시인.

구레한 일에 괴로워해야만 한다. 구름의 윤기, 대나무의 산들거림, 참새떼의 지저귐, 길 가는 사람의 얼굴— 온갖 자잘한 일에서 지옥의 고통을 느껴야 한다.

신神

모든 신의 속성 중에서 가장 신을 동정할 만한 일은, 신은 자살할 수 없다는 사실이다.

우리는 신을 매도하고 묵살할 무수한 이유를 발견한다. 하지만 불행하게도 일본인은 매도하고 묵살할 만한 전능한 신을 믿지 않는다.

민중

민중은 온건한 보수주의자다. 제도, 사상, 예술, 종교— 무엇이든 민중의 사랑을 받기 위해선, 전前시대의 고색古色을 띠지 않으면 안 된다. 이른바 민중예술가가 민중의 사랑을 받지 못하는 까닭은 반드시 그들의 잘못만은 아니다.

민중의 어리석음을 발견하는 일은 반드시 자랑거리는 아니다. 그러나 우리 자신도 또한 민중임을 발견하는 일은 어쨌든 자랑할 만하다.

체호프의 말

체호프는 그의 수기에서 남녀차별을 논한다.

"여자는 나이 들면서 차츰차츰 여자의 일에 종사하게 되며 남자는 나이 들면서 차츰차츰 여자의 일에서 멀어진다."

그렇지만 체호프의 말은, 남녀가 모두 나이 먹을수록 스스로 이성과 교섭을 멀리한다는 것과 같다. 이것은 세 살배기 아이도 이미 아는 사실이다. 뿐만 아니라 남녀차별보다 오히려 무차별을 보여주는 말이다.

옷차림

적어도 여성의 옷차림은 여자 자신의 한 부분이다. 게이키치*가 유혹에 빠지지 않았던 이유는 물론 도덕관념 때문이다. 그러나 그를 유혹한 여인은 게이키치의 아내 옷을 빌려 입었다. 만약 옷을 빌려 입지 않았다면, 어쩌면 게이키치를 그토록 쉽사리 유혹하지 못했으리라.

* 작가 기쿠치 간菊池寬 (1888~1948)의 작품 '게이키치啓吉의 유혹'에 나오는 인물.

처녀 숭배

우리는 처녀를 아내로 맞아들이기 위해서 얼마나 아내 선택에 우스꽝스러운 실패를 거듭하였는가. 이젠 바야흐로 처녀 숭배에 등을 돌려도 좋을 때다.

처녀 숭배는 처녀란 사실을 알고 난 뒤에 시작하는 법이다. 즉 솔직한 감정보다 아주 하찮은 지식을 중시하는 셈이다. 이런 까닭에 처녀 숭배자는 연애의 현학자衒學者라고 해야 한다. 모든 처녀 숭배자가 겉보기엔 뭔가 엄숙한 태도를 취하는 것도 우연이 아닐지도 모른다.

물론 처녀다움의 숭배는 처녀 숭배와 다르다. 이 둘을 동의어로 생각하는 사람은 아마도 여자의 배우적인 재능을 너무 가볍게 본 탓이다.

예법禮法

어느 여학생이 내 친구에게 이런 일을 물었다고 한다.

"도대체 키스할 때는 눈을 감아야 하나요? 아니면 뜨고 있어야 하나요?"

모든 여학교의 교과목에 연애에 관한 예법이 없음을 나도 이 여학생처럼 자못 유감스럽게 생각한다.

가이바라 에키켄

나는 또한 초등학교 시절에 가이바라 에키켄*의 일화를 배웠다. 에키켄은 어느 날 나룻배에 어느 서생과 함께 타게 되었다. 서생은 학식을 자랑하고 싶었던지 잘난 체하며 거만하게 고금의 학문과 예술을 논했다. 그러나 에키켄은 한마디도 없이 잠자코 듣기만 했다. 그러는 사이 배는 강가에 다다랐다. 배 안에 있던 손님들은 헤어지기에 앞서 통성명하는 일이 관례였다. 서생은 비로소 에키켄을 알아보고 이 당대의 대유학자 앞에 부끄러워하며 조금 전 무례를 사과했다. ―이러한 일화를 배웠다.

그때 나는 이 일화에서 겸양의 미덕을 찾아냈다. 적어도 찾아내기 위해서 정말로 노력했다. 하지만 지금은 불행히도 추호의 교훈마저 발견할 수 없다. 이 일화가 지금 나에게 얼마간 흥미로운 점은 다음과 같이 생각하기 때문이다.

* 가이바라 에키켄貝原益軒 (1630~1714)_ 에도 전기의 유학자, 교육가.

1. 침묵으로 일관한 에키켄의 모욕은 얼마나 신랄한 것이었던가!

2. 서생이 부끄러워하는 모습을 기뻐한 나룻배 손님들의 갈채는 얼마나 저속한 것이었던가!

3. 에키켄이 알지 못하는 새로운 시대정신은 나이 어린 서생이 거리낌 없이 논하는 중에도 얼마나 발랄하게 고동쳤던가!

어떤 변호

어느 신세대 평론가는 '위집蝟集*하다'는 뜻으로 '문 앞에 새그물을 친다'는 성어成語를 사용했다. '문 앞에 새그물을 친다'고 하는 성어는 중국인이 만들었다. 그 말을 일본인이 사용하는 데 반드시 중국인의 용법을 답습해야만 한다는 법은 없다. 만약 통용되기만 하면, 이를테면 '그녀의 미소는 문 앞에 새그물을 친 듯했다'고 표현해도 좋다.

만약 통용되기만 한다면— 온갖 일은 이 불가사의한 '통용'에 달렸다. 예를 들면 '사소설私小說'도 그렇지 않을까? 이히로만Ich-Roman는 일인칭을 사용한 소설이란 뜻이다. 반드시 그 '나'는 작가 자신이라고 정해지진 않았다. 그렇지만 일본의 '사소설'은 언제나 그 '나'가 작가 자신인 소설이다. 아니, 때로는 작가 자신의 경험담으로 보이기만 하면 삼인칭을 사용한 소설마저 '사소설'로 불린다.

* 위집蝟集하다_ 고슴도치의 털처럼, 많은 것이 한곳에 또는 한시에 모여드는 일.

이것은 물론 독일의— 또는 모든 서양인의 용법을 무시한 새로운 예이다. 그러나 전능한 '통용'은 이 새로운 예에 생명을 주었다. '문 앞에 새그물을 친다'는 성어도 언젠가 이처럼 뜻밖에 새로운 예를 만들지 모른다.

그렇다면 어느 신세대 평론가는 특히 학식이 부족한 탓이 아니었다. 다만 얼마큼 시류時流를 벗어난 새로운 예를 구하는 일에 성급했던 탓이다. 그 평론가가 야유를 받은 이유는— 아무튼 모든 선각자는 늘 박명薄命을 감수해야만 한다.

제한

천재도 저마다 극복하기 힘든 어떤 제한에 구속받는다. 그 제한의 발견은 어느 정도 쓸쓸함을 느끼게 한다. 그러나 그것은 어느새 오히려 친밀감을 준다. 마치 대나무는 대나무고 담쟁이 덩굴은 담쟁이 덩굴임을 알게 된 것처럼.

화성火星

화성인의 유무를 묻는 일은 우리의 오감으로 느낄 수 있는 화성인의 유무를 묻는다는 뜻이다. 하지만 생명은 반드시 우리의 오감으로 느낄 수 있는 조건을 갖췄다고 할 수 없다. 만약 화성인이 우리의 오감을 초월한 존재라면, 그들의 한 무리가 오늘 밤에도 또한 플라타너스를 노랗게 물들이는 가을 바람과 함께 긴자*거리에 와 있는지도 모른다.

* 긴자銀座_ 도쿄의 번화가.

블랑키*의 꿈

우주 크기는 무한하다. 그러나 우주를 구성하는 것은 육십 몇 가지 원소다. 이 원소들의 결합이 제 아무리 많은 수효에 이른다 해도, 끝내 유한이라는 한계를 벗어나진 못한다. 그렇다면 이 원소들로 무한대의 우주를 만들기 위해선 온갖 결합을 시도하면서, 갖가지 결합을 무한히 반복할 수밖에 없다. 그러고 보면 우리가 사는 지구도— 이러한 결합의 하나인 지구도 태양계의 한 행성이 아닌, 틀림없이 무수히 존재하리라. 이 지구의 나폴레옹은 마렝고 전투에서 대승했다. 하지만 망망한 허공에 떠 있는 다른 지구의 나폴레옹은 같은 마렝고 전투에서 대패했을지 모른다…….

이것은 육십칠 세의 블랑키가 꿈꾼 우주관이다. 이에 시비 걸지 않겠다. 그저 블랑키는 감옥에서 이런 꿈을 글로 적었을 때, 모든 혁명에 절망했다.

* 블랑키Blanqui (1805~1881)_ 프랑스 공상사회주의자.

이 사연만은 오늘날에도 여전히 무언가 우리 마음 속에 스며드는 쓸쓸함을 느끼게 한다. 꿈은 이미 지상에서 사라졌다. 우리도 위안을 찾기 위해선 몇 만억 마일의 하늘로— 우주의 밤에 걸린 제2의 지구로 빛나는 꿈을 비추지 않으면 안 된다.

평범한 재주

평범한 재주밖에 없는 사람의 작품은 대작일지라도 반드시 창문 없는 방과 같다. 도무지 인생을 전망할 수 없다.

기지機智

기지란 삼단논법이 빠진 사상이며, 그들의 이른바 '사상'이란 사상이 빠진 삼단논법이다.

기지를 혐오하는 일은 인류의 피로 때문이다.

정치가

정치가가 우리 문외한들보다 정치상의 지식을 자랑할 수 있는 경우는 어수선한 사실의 지식뿐이다. 결국 아무 당의 아무 대표는 어떤 모자를 쓴다는 따위와 별 차이 없는 지식뿐이다.

이른바 '이발소 정치가'란 이러한 지식이 없는 정치가다. 식견으로 말하자면 반드시 정치가만 못하지 않다. 또 이해를 초월한 정열에서도 언제나 정치가보다 고상하다.

사실

하지만 어수선한 사실의 지식은 늘 민중이 사랑한다. 그들이 가장 알고 싶은 일은 사랑이란 무엇인가 하는, 이런 것이 아니다. 예수가 사생아인지 아닌지 하는, 이런 것이다.

무사 수업

나는 지금껏 무사 수업이란 사방의 검객들과 승부를 겨루며 무기를 닦는 일이라고 생각했다. 그러나 이제야, 사실상은 자기 자신만큼 강한 것은 세상에 별로 없음을 알았다.

—미야모토 무사시전을 읽고 나서

어느 자본가의 논리

“예술가가 예술을 파는 일이나 내가 게 통조림을 파는 일이나 그다지 다를 바 없다. 하지만 예술가는 예술이라면 천하의 보물처럼 생각한다. 그런 예술가의 흉내를 내면 나 또한 한 통에 육십 전 하는 게 통조림을 자랑해야 한다. 내 나이 육십 하나가 되도록, 나는 아직 한 번도 예술가처럼 바보같이 잘난 체한 적은 없다.”

비평학

사사키 모사쿠*군에게

어느 날씨 좋은 오전이다. 박사로 변한 메피스토펠레스*는 어느 대학 강좌에서 비평학을 강의했다. 물론 이 비평학은 칸트 식의 비평이란 무엇인가, 하는 그런 내용이 아니다. 그저 어떻게 소설이나 희곡을 비평할 것인가, 하는 이런 내용이다.

여러분, 지난주 내가 말했던 부분은 이해한 것으로 생각하고, 오늘은 한 걸음 더 나아가 '반긍정논법半肯定論法'을 말하겠습니다. '반긍정논법'이란 무엇인가 말하자면 이것은 글자 뜻 그대로 어느 작품의 예술적 가치를 절반 정도 긍정하는 논법입니다. 그러나 그 '절반'은 '보다 나쁜 절반'이어야 합니다. '보다 좋은 절반'을 긍정하는 일은 이 논법에서

---

* 사사키 모사쿠佐佐木茂索 (1894~1966)_ 소설가.

* 메피스토펠레스Mephistopheles_ 괴테의 작품 '파우스트'에 나오는 악마.

아주 위험합니다.

이를테면 벚꽃에 이 논법을 사용해 보십시오. 벚꽃에서 '보다 좋은 절반'은 색과 모양의 아름다움입니다. 그렇지만 이 논법을 사용하기 위해선 '보다 좋은 절반'보다 '보다 나쁜 절반' 예컨대 벚꽃의 향기를 긍정해야 합니다. 마침내 '향기는 좋다. 그러나 결국 그것뿐이다'고 단정을 내리는 것입니다. 만약 '보다 나쁜 절반' 대신에 '보다 좋은 절반'을 긍정했다면 어떤 파탄이 일어날까요? '색과 모양은 정말 아름답다. 하지만 결국 그것뿐이다'—이것으론 조금도 벚꽃의 가치를 떨어뜨리지 않습니다. 물론 비평학의 문제는 어떻게 어느 소설과 희곡의 작품 가치를 떨어뜨릴까 하는 일에 관계합니다. 그렇지만 이 점은 새삼스럽게 말할 필요 없습니다.

그럼 이 '보다 좋은 절반'과 '보다 나쁜 절반'은 무엇을 기준으로 구별합니까? 이 문제를 해결하기 위해선, 이것도 여러 번 말했듯이 가치론으로 거슬러 올라가야 합니다. 가치는 예전부터 믿어왔듯이 작품 자체에 있지 않고 작품을 감상하는 우리 마음 속에 있는 것입니다. 그러면 '보다 좋은 절반'과

'보다 나쁜 절반'은 우리 마음을 기준으로— 또는 한 시대의 민중이 무엇을 사랑하는가를 기준으로 구별합니다.

가령 오늘날 민중은 일본풍의 화초를 사랑하지 않습니다. 즉 일본풍의 화초는 나쁜 것입니다. 또 오늘날 민중은 브라질 커피를 사랑합니다. 즉 브라질 커피는 좋은 것임이 틀림없습니다. 어느 작품이 지닌 예술적 가치의 '보다 좋은 절반'과 '보다 나쁜 절반'도 당연히 이런 예처럼 구별해야 합니다.

이런 기준을 사용하지 않고 미美라든가, 진眞이라든가, 선善이라는 다른 기준을 찾는 일은 매우 우스꽝스러운 시대착오입니다. 여러분은 붉은 밀짚모자와 같은 구시대를 버려야 합니다. '선악은 좋음과 싫음을 초월하지 않는다. 좋음과 싫음이 곧 선악이다. 애증이 곧 선악이다.' 이 말은 '반궁정논법'에 한정되지 않고, 적어도 비평학을 지향하는 여러분이 잊어선 안 되는 법칙입니다.

또 '반궁정논법'이란 대체로 지금까지 말한 바와 같습니다만, 마지막으로 주의를 촉구하고 싶은 것은 '그것뿐이다'는 말입니다. '그것뿐이다'는 이 말은 반드시 써야만 합니다. 첫째, '그것뿐이다' 고 말하는 이상, '그것' 곧 '보다 나쁜 절반' 을 긍정함은 확실합니다. 그러나 둘째, '그것' 이외의 부분은 부정함도 분명합니다. 다시 말하여 '그것뿐이다' 는 말은 끌어올렸다 내리는 분위기가 짙음을 암시해야 합니다. 하지만 또한 미묘한 점은 셋째, '그것뿐이다' 는 말은 예술적 가치마저 은연중에 부정합니다. 물론 부정한다고 해도, 왜 부정하는가는 아무런 설명도 하지 않습니다. 다만 말하지 않는 부분을 부정하며 이 점은 '그것뿐이다' 는 이 말의 가장 두드러진 특색입니다. 엄밀히 하자면, 아마도 긍정하고 부정하는 것이란 정말로 '그것뿐' 이라는 의미일 것입니다.

이 '반긍정논법' 은 '전全부정논법' 또는 '나무에 올라가서 생선을 구하는* 논법' 보다 더 쉽게 신용할 수 있습니다. '전부정논법' 또는 '나무에 올라가서 생선을 구하는 논법' 은 지난주에 말한 대로입

* 연목구어緣木求魚_ 나무에 올라가서 물고기를 구한다는 뜻으로, 도저히 불가능한 일을 굳이 하려 함을 비유적으로 이르는 말

니다만, 만약을 위해 간략하게 반복하면 어느 작품의 예술적 가치를 그 예술적 가치로 모두 부정하는 논법입니다. 이를테면 어느 비극의 예술적 가치를 부정할 때, 비참함, 불쾌함, 우울 등에 비난을 가하는 경우를 생각하면 좋습니다. 또 이 비난을 역으로 사용해서 행복, 유쾌함, 경쾌함, 교묘함 등이 빠졌다고 비난해도 상관없습니다. 일명 '나무에 올라가서 생선을 구하는 논법'은 뒤쪽 예의 경우를 가리킵니다. '전부정논법' 또는 '나무에 올라가서 생선을 구하는 논법'은 통쾌하기 그지없는 대신, 때론 편파적이라는 의심을 불러일으킬 수도 있습니다. 그러나 '반긍정논법'은 아무튼 작품의 예술적 가치를 절반 정도는 인정하고 있으므로, 용이하게 공평한 견해를 전해줄 수 있습니다.

그러므로 연습과제의 주제로 사사키 씨의 새 저서 '봄 외투'를 내겠으니, 다음 주까지 사사키 씨의 작품에 '반긍정논법'을 사용하여 설명해 보십시오. (이때 젊은 청강생이 한 명이 "선생님, 전부정논법을 사용해서는 안 됩니까?" 하고 질문한다.) 아니, '전긍정논법'을 사용하는 데 적어도 당분간 보류해야 합니다. 사사키 씨는 어쨌든 명성 있는 신진작가이므로 역시 '반긍정논법'을 사용하는 편이 좋다고 생각합니다.

일주일 뒤 최고점을 받은 답안은 다음과 같다.
'정말로 쓰기는 잘 썼다. 그러나 결국 그것뿐이다.'

부모와 자식

부모가 자식을 양육하는 데 적합한지 아닌지 의문이다. 소와 말은 부모 때문에 양육됨이 분명하다. 그러나 자연의 이름으로 이 구습舊習을 변호하는 일은 확실히 부모의 마음대로다. 만약 자연의 이름으로 어떤 구습도 변호할 수 있다면, 먼저 우리는 미개인종의 약탈결혼을 변호해야 한다.

자식에 대한 부모의 사랑은 가장 이기심이 없는 사랑이다. 하지만 이기심이 없는 사랑이 반드시 아이의 양육에 가장 적합한 것은 아니다. 이 사랑이 아이에게 주는 영향은— 적어도 영향의 대부분은, 폭군으로 만들거나 약자로 만든다.

인생의 비극 제1막은 부모와 자식이 되었다는 데서 시작한다.

예로부터 얼마나 많은 부모들이 이런 말을 반복했을까. "나는 결국 실패자다. 그러나 이 아이만큼은 성공시켜야 한다."

가능

우리는 하고 싶은 일을 할 수 있는 게 아니다. 다만 할 수 있는 일을 한다. 이것은 우리 개인뿐만이 아니다. 우리 사회도 마찬가지다. 틀림없이 신神도 희망대로 이 세계를 만들 수 없었으리라.

무어의 말

조지 무어*는 '죽은 자신의 비망록'에서 이런 말을 했다. '위대한 화가는 이름을 적어 놓을 장소를 잘 안다. 또 결코 같은 곳에 두 번 다시 이름을 넣지 않는다.'

물론 '결코 같은 곳에 두 번 다시 이름을 넣지 않는다.'는 말은 어떤 화가에게도 불가능하다. 그렇지만 이 점은 비난하지 않아도 좋다. 내가 뜻밖이라고 생각했던 점은 '위대한 화가는 이름을 적어 놓을 장소를 잘 안다.'는 말이다. 동양의 화가는 일찍이 낙관 찍는 장소를 경시한 사람은 없었다. 낙관의 장소를 주의하라는 따위는 진부한 말이다. 그것을 특필한 무어를 생각하면, 자연히 동서의 차이를 느낀다.

* 조지 무어George Moore (1852~1933)_ 아일랜드 시인, 소설가. 에밀 졸라의 영향을 받음. 영국의 대표적인 자연주의 작가.

대작大作

대작을 걸작과 혼동하는 일은 확실히 감상상鑑賞上의 물질주의다. 대작은 품삯의 문제에 불과하다. 나는 미켈란젤로의 '최후의 심판' 벽화보다는 육십 몇 살의 렘브란트 자화상을 훨씬 사랑한다.

내가 사랑하는 작품

내가 사랑하는 작품은— 문예상의 작품은 결국 작가의 인간을 느낄 수 있는 작품이다. 인간을— 두뇌와 심장과 관능을 제대로 갖춘 하나의 인간을. 그러나 불행하게도 작가 대부분은 어딘가 한 가지가 빠진 불구자다. (하긴 가끔 위대한 불구자에게 탄복하는 수도 있지만.)

경험

경험에만 의지하는 일은, 소화력을 생각하지 않고 음식에만 의지하는 경우와 같다. 동시에 경험을 헛되게 하지 않는 능력에만 의지하는 일도, 또한 음식을 생각하지 않고 소화력에만 의지하는 경우와 같다.

아킬레스

그리스의 영웅 아킬레스는, 발뒤꿈치만 불사신이 아니었다고 한다. 즉, 아킬레스를 알기 위해선 아킬레스의 발뒤꿈치를 알아야 한다.

호인好人

여자는 늘 호인을 남편으로 맞아들이고 싶어하진 않는다. 그러나 남자는 호인을 항상 친구로 얻고 싶어한다.

호인은 무엇보다도 먼저 천상의 신을 닮았다. 첫째 환희를 이야기하기에 좋다. 둘째 불평을 호소하기에 좋다. 셋째는— 있어도 좋고, 없어도 좋다는 점이다.

죄

'죄는 미워하되 사람은 미워하지 마라'는 반드시 실행하기 어려운 일이 아니다. 아이는 거의가 부모에게 벌써 이 격언을 실행하고 있다.

위대함

민중은 인격이나 사업의 위대함에 농락당하는 일을 사랑한다. 그러나 위대함에 직면하는 일은 유사 이래 사랑했던 적이 없다.

예술

그림의 힘은 삼백 년, 글의 힘은 오백 년, 문장의 힘은 천고무궁千古無窮하다고 왕세정*은 말했다. 그러나 돈황*에서 발굴된 유물을 보건대, 서화書畵는 오백 년이 지난 뒤에도 의연히 힘을 잃지 않는 듯하다. 그밖에 문장도 천고무궁하게 힘을 보전하는지 어떤지는 의문이다. 관념도 시간의 지배에 초연할 수 없다. 우리 선조는 '신'이란 말에 사모관대의 인물을 연상했다. 그렇지만 우리는 같은 말에 수염이 긴 서양인을 연상한다. 이것은 다만 신에 한하지 않고 모든 경우에 일어날 수 있는 일이라고 생각해야 한다.

나는 언젠가 도슈사이 샤라쿠*의 니가오에*를 본

* 왕세정王世貞 (1526~1590)_ 중국 명나라 문인.
* 돈황敦煌_ 중국 감숙성甘肅省 북서부의 도시.
* 도슈사이 샤라쿠東洲齋寫樂_ 에도 후기의 우키요에浮世繪 화가.
* 니가오에似顔繪_ 우키요에에서 배우나 미인 얼굴을 그린 그림.

일이 있었다. 그 그림 속의 인물은 녹색의 고린하* 가 그려진 부채를 가슴 근처에서 펼치고 있었다. 그것은 전체의 색채 효과를 강하게 해주고 있었다. 그러나 복도에 커다란 거울을 들여다보자, 녹색을 띈 것은 녹청綠靑을 살린 금색이었다. 솔직히 나는 이 샤라쿠의 그림에서 아름다움을 느꼈다. 그렇지만 내 느낌은 샤라쿠가 파악한 아름다움과 다르다. 이런 변화는 문장에도 또한 일어난다고 생각해야 한다.

예술도 여자와 같다. 가장 아름답게 보이기 위해선 한 시대의 정신적 분위기 또는 유행에 둘러싸이지 않으면 안된다.

그밖에 예술은 공간적으로도 또한 멍에를 진다. 한 나라의 예술을 사랑하기 위해선 한 국민의 생활을 알아야 한다. 도젠지*에서 낭인들의 습격을 받은

* 고린하光琳波_ 에도시대 회화의 유파 중 하나. 화려한 장식화풍으로 유명함.
* 도젠지東禪寺_ 도쿄 미나토구 다카나와에 있는 임제종臨濟宗의 사찰.

영국의 특명전권대사 러더퍼드 올콕은 우리 일본인의 음악에 소음을 느낄 뿐이었다. 그의 저서 〈일본에서 보낸 3년간〉은 이런 한 구절을 포함한다. “우리는 언덕을 오르는 도중에, 나이팅게일이 우는 소리와 비슷한 휘파람새 울음소리를 들었다. 일본인은 휘파람새에게 노래를 가르쳤다고 한다. 그것이 만약 사실이라면 놀라운 일이다. 원래 일본인이란 음악이라는 것을 스스로 가르칠 줄 모르기 때문에.”

천재

천재란 우리와 겨우 한 걸음밖에 거리를 두고 있지 않다. 다만 이 한 걸음을 이해하기 위해선 백 리의 절반을 구십구 리里라고 하는 초수학超數學을 알아야만 한다.

천재란 우리와 겨우 한 걸음밖에 거리를 두고 있지 않다. 동시대 사람은 언제나 이 한 걸음이 천 리임을 이해하지 못한다. 후대 사람은 또 그 천 리가 한 걸음임을 알지 못한다. 동시대인은 그 때문에 천재를 죽었다. 후대인은 그 때문에 천재 앞에 향을 피운다.

민중이 천재를 인정하는 데 인색하다고는 믿기 어렵다. 그러나 그 인정하는 방법은 언제나 몹시 우스꽝스럽다.

또 천재의 비극은 '조촐하고 마음 편안한 명성'을

얻는 데 있다.

예수: “내가 너희를 향하여 피리를 불어도, 너희는 춤추지 않고.”

그들: “우리가 춤춰도, 그대는 만족하지 않고.”

거짓말

우리는 어떤 경우에도 우리의 이익을 옹호하지 않는 사람에게 '깨끗한 한 표'를 던질 리 없다. 이 '우리의 이익' 대신 '천하의 이익'으로 바꿔 놓는 것은 모든 공화제도의 거짓말이다. 이 거짓말만큼은 어떤 정치체제하에서도 소멸하지 않으리라고 생각해야 한다.

일체가 된 두 가지 관념에서 그 접촉점을 음미한다면, 여러분은 얼마나 많은 거짓말에 사육되어졌는가를 발견할 것이다. 온갖 성어成語는 따라서 항상 하나의 문제다.

우리 사회에 합리적인 외관을 주는 것은 사실상 그 불합리—그 너무나 심한 불합리 탓이 아닐까?

도박

우연, 곧 신과 싸우는 사람은 늘 신비한 위엄에 가득 차 있다. 도박꾼도 또한 마찬가지다.

예로부터 도박에 열중한 염세주의자가 없음은 얼마나 도박이 인생을 닮았는지 보여준다.

법률이 도박을 금지함은 도박에 의한 부의 분배법을 비난하기 때문이 아니다. 사실 다만 그 경제적 딜레탕티슴*을 비난하려는 것이다.

---

* 딜레탕티슴_ 정당한 보수가 아닌, 도락이나 취미로 불로소득을 얻으려는 부도덕함.

회의주의

회의주의도 하나의 신념 위에— 의심한다는 사실은 의심하지 않는다는 신념 위에 서 있다. 과연 그것은 모순일지도 모른다. 그러나 회의주의는 또한, 조금도 신념 위에 서 있지 않은 철학이 있다는 것도 의심한다.

정직

만약 정직하게 된다면, 우리는 순식간 누구도 정직하지 못하다는 사실을 발견한다. 이런 까닭에 우리는 정직해지는 일에 불안을 느낀다.

허위

나는 어떤 거짓말쟁이를 안다. 그녀는 누구보다 행복했다. 하지만 너무 거짓말에 능숙했기 때문에 사실을 이야기할 때조차 거짓말한다고 밖에는 생각되지 않았다. 그 점은 확실히 누구의 눈에도 그녀의 비극임이 분명했다.

나도 또한 모든 예술가처럼 오히려 거짓말에 능숙했다. 그렇지만 늘 그녀에게는 한 수 뒤쳐졌다. 그녀는 사실상 지난해에 했던 거짓말도 오 분전에 한 거짓말처럼 기억한다.

나는 불행히도 안다, 때론 거짓말에 의지해서 이야기할 수밖에 없는 진실도 있음을.

여러분

여러분은 청년들이 예술 때문에 타락하지 않을까 걱정한다. 그러나 먼저 안심하라. 여러분만큼 간단히 타락하지 않을 테니.

여러분은 예술이 국민을 해치지 않을까 걱정한다. 그러나 우선 안심하라. 적어도 예술이 여러분을 해치는 일이란 절대로 불가능하다. 이천 년 이래 예술의 매력을 이해 못하는 여러분을 해치는 일이란.

인종忍從

묵묵히 참고 따르는 일은 로맨틱한 비굴이다.

기도企圖

이룬다는 일은 어려울 수도 있다. 그러나 바란다는 일은 언제나 어렵다. 적어도 충분히 이룰 수 있는 일을 바란다는 것은.

그들 사람됨의 크고 작음을 알고자 하는 사람은 그들이 이룬 일로써 그들이 이루려 하는 일을 보지 않으면 안 된다.

군인

이상적인 군인은 적어도 상관의 명령에는 절대 복종해야 한다. 절대 복종하는 일은 절대로 비판하지 않는다. 곧 이상적인 군인은 먼저 이성을 잃어야만 한다.

이상적인 군인은 적어도 상관의 명령에는 절대 복종해야 한다. 절대 복종하는 일은 절대로 책임을 지지 않는다. 곧 이상적인 군인은 먼저 무책임을 좋아해야만 한다.

일본인

우리 일본인이 이천 년 이래 임금에게 충성하고 부모에게 효도했다고 생각하는 일은, 사루타히코노미코토* 신神도 화장품을 발랐다고 생각하는 것과 같다. 이제 슬슬 역사적 사실을 있는 그대로 봐야하지 않을까?

* 사루타히코노미코토猿田彦命_ 일본 신화에 등장하는 신.

왜구倭寇

왜구는 우리 일본인도 열강과 어깨를 나란히 하기에 충분한 능력이 있음을 보여준다. 우리는 도적, 살육, 간음 등에서 결코 '황금의 섬'을 찾아온 스페인인, 포르투갈인, 네덜란드인, 영국인에게 뒤떨어지지 않았다.

징후

연애의 한 징후는 그녀가 과거에 남자 몇 명과 사랑했었는가, 또는 어떤 남자를 사랑했었는가 생각하며 그 가공의 몇 사람에게 막연한 질투를 느끼는 일이다.

또 하나 연애의 징후는 그녀와 닮은 얼굴을 발견하는 데 극도로 예민해지는 일이다.

연애와 죽음

연애가 죽음을 연상하게 하는 점은 진화론적인 근거가 있는지도 모른다. 거미나 벌은 교미가 끝나면 바로 수컷은 암컷에게 죽게 된다. 나는 이탈리아 순회배우가 가극 '카르멘'을 연기하는 것을 보았을 때, 아무리 생각해도 카르멘의 일거일동에서 벌을 느끼지 않을 수 없었다.

대역代役

우리는 그녀를 사랑하기 위해서 이따금 다른 여인으로 그녀를 대신한다. 이런 처지에 떨어지는 경우는 반드시 그녀가 우리를 거절한 때에 한정된다고 할 수 없다. 우리는 때론 겁도 많고 마음도 약해서, 때론 미적 요구 때문에 이 잔혹한 위안의 상대로 한 여인을 이용할지도 모른다.

결혼

결혼은 성욕을 조절하는 데 유효하다. 그러나 연애를 조절하기 위해선 유효하지 않다.

그는 이십대에 결혼한 뒤에, 한 번도 연애관계에 빠지지 않았다. 어쩌면 이토록 저속한가!

다망多忙

우리를 연애에서 구해주는 것은 이성보다 오히려 다망이다. 연애도 또한 완전히 실행하기 위해선 무엇보다도 시간이 있어야 한다. 베르테르, 로미오, 트리스탄— 예로부터 연인들을 생각해 보더라도, 그들은 모두 한가한 사람들뿐이었다.

남자

남자는 원래 연애보다 일을 존중하는 법이다. 만약 이 사실을 의심한다면, 발자크*의 편지를 읽어보라. 발자크는 한스카 백작부인에게 보내는 편지에서 '이 편지도 원고료로 환산한다면 몇 프랑이 넘는다'고 썼다.

* 발자크 (1799~1850)_ 프랑스 소설가. 19세기 프랑스 사실주의의 선구자.

자유

자유를 원하지 않는 사람은 아무도 없다. 그러나 그것은 겉모습뿐이다. 사실은 아무도 마음속으로는 조금도 자유를 찾지 않는다. 그 증거로, 조금도 주저하지 않고 사람 목숨을 빼앗는 무뢰한조차 금구무결*의 국가를 위해서 누구누구를 죽였다고 말하지 않는가? 그렇지만 자유란 우리 행위에 아무런 구속도 없는 일을 말하며, 곧 신이니 도덕이니 또는 사회적 습관이니 하는 등등에 연대책임을 지는 것을 양심에 따라 거부함을 말한다.

자유는 산꼭대기의 공기와 같다. 그 어느 쪽도 약자에겐 감당하기 힘들다.

자유주의, 자유연애, 자유무역— 그 어떤 '자유'도 공교롭게도 술잔에 적잖은 물을 섞었다. 더군다나 거의가 괸 물을.

* 금구무결金甌無缺_ 국력이 강하여 외국의 침략을 받은 적이 없음을 뜻함.

언행일치

언행일치라는 미명美名을 얻으려면 먼저 자기변호를 잘해야만 한다.

방편方便

한 사람을 속이지 않는 성현은 있어도 천하를 속이지 않는 성현은 없다. 불교의 이른바 선교방편* 은 결국 정신상의 마키아벨리즘*이다.

---

* 선교방편善巧方便_ 보살이 중생을 구하기 위해 상대의 소질과 성격에 맞는 방법을 능숙하게 사용하여 교화하는 것.
* 마키아벨리즘Machiavellism_ 목적을 위해서 수단을 가리지 않는 권모술수주의.

예술지상주의자

예로부터 열렬한 예술지상주의자는 거의가 예술상의 거세자다. 마치 열렬한 국가주의자는 대부분 망국의 국민이듯— 우리는 누구라도 자신이 가진 것을 원하진 않는다.

문장

문장 안에 있는 말은 사전에 있을 때보다 아름다움을 더해야만 한다.

그들은 모두 다카야마조규* 씨처럼 '문文은 사람이다.'고 말한다. 그러나 모두 내심으로는 '사람은 문文이다.'고 생각하는 듯싶다.

* 다카야마조규高山樗牛 (1871~1902)_ 평론가. 잡지 〈태양〉을 중심으로 일본주의, 니체주의 등을 제창함.

여자 얼굴

여자는 정열에 사로잡히면 이상하게도 소녀 같은 얼굴을 한다. 하기는 정열적으로 된다면야 파라솔에 대한 정열이라도 좋다.

세속적인 지혜

불을 끄는 일은 방화만큼 쉽지 않다. 이런 세속적인 지혜의 대표적인 소유자는 틀림없이 '벨아미'*의 주인공이다. 그는 연인을 사귈 때에도 확실하게 절연할 방법을 생각한다.

단순히 세상에 대한 것뿐이라면, 정열의 부족 따위에 고뇌하지 않아도 좋다. 그보다 오히려 위험한 일은, 확실히 냉담함의 부족이다.

---

* 벨아미Bel Ami_ 모파상의 소설 작품.

항산恒產

일정한 재산이 없는 사람에겐 한결같은 마음恒心도 없다는 말은 거의 이천 년이 지난 옛말이다. 오늘날엔 항산이 있는 사람에게 오히려 항심이 없는 듯하다.

어린아이

우리는 대체 무엇을 위해서 어린아이를 사랑하는가? 그 이유의 반은 적어도 어린아이한텐 속을 염려가 없기 때문이다.

우리가 태연히 자신의 어리석음을 공표하는 일을 부끄러워하지 않는 경우는, 어린아이를 대할 때이거나— 또는 개와 고양이를 대할 때뿐이다.

작가

글을 쓰고자 할 때 없어선 안 되는 것은 무엇보다 창작의 정열이다. 또 창작의 정열을 불태우는 데 있어 빠져선 안 되는 것이 무엇보다 어느 정도의 건강이다. 스웨덴식 체조, 채식주의, 복방 디아스타아제* 등을 가벼이 여기는 일은 글을 쓰려고 하는 사람의 마음가짐이 아니다.

글을 쓰려는 사람은 어떤 도시인이라도 그의 영혼 속에 야만인 한 사람이 있어야 한다.

글을 쓰려는 사람이 그 자신을 부끄러워하는 일은 죄악이다. 그 자신을 부끄러워하는 마음엔 어떠한 독창의 싹도 생기지 않는다.

—이하 유고遺稿—

* 복방 디아스타아제複方 diastase_ 일정한 처방에 의해 두 가지 이상의 약품을 배합한 약제로서, 아밀라아제를 약으로 만든 것으로 소화제로 사용된다.

변호

다른 사람을 변호하기보다 자신을 변호하는 일이 더 어렵다. 의심하는 사람은 변호사를 보라.

여인

건전한 이성은 명령한다. "그대는 여인을 가까이 하지 마라."

그러나 건전한 본능은 전혀 반대로 명령한다. "그대는 여인을 피하지 마라."

여인은 우리 남자에겐 바로 인생 그 자체이다. 이를테면 모든 악의 근원이다.

자연

우리가 자연을 사랑하는 이유는— 적어도 그 이유의 하나는, 자연은 우리 인간처럼 질투하거나 속이거나 하지 않기 때문이다.

처세술

가장 현명한 처세술은 사회적 인습을 경멸하면서도, 또한 사회적 인습과 모순하지 않는 생활을 하는 것이다.

여인숭배

'영원한 여성이 되는 것'을 숭배한 괴테는 확실히 행복한 사람 중의 한 명이다. 하지만 야후*의 암컷을 경멸했던 스위프트는 미쳐서 죽었다. 이것은 여성의 저주일까? 혹은 이성의 저주일까?

이성

이성이 나에게 가르쳐준 것은 결국 이성의 무력함이다.

* 야후Yahoo_ 영국 작가 J.스위프트의 소설 '걸리버 여행기'에 등장하는 인종.

운명

운명은 우연이라기보다 필연이다. '운명은 성격 속에 있다'는 말은 결코 얼렁뚱땅 생겨난 것이 아니다.

교수敎授

만약 의학용어를 빌면, 적어도 문예를 강의하려면 임상적으로 해야 한다. 그러나 그들은 지금껏 한 번도 인생의 맥박을 짚어본 적이 없다. 특히 그들 중의 어떤 사람은 영국과 프랑스의 문예는 잘 알아도 그들을 낳은 조국의 문예는 모른다고 말한다.

지덕합일知德合一

우리는 자기 자신조차 알지 못한다. 하물며 우리가 아는 바를 행동으로 옮기는 일은 어렵다. '지혜와 운명'을 쓴 마테를링크*도 지혜와 운명을 알지 못했다.

예술

가장 어려운 예술은 자유롭게 인생을 사는 일이다. 물론 '자유롭다'는 말은 반드시 뻔뻔스러움을 뜻하지 않는다.

* 마테를링크Maurice Maeterlinck (1862~1949)_ 벨기에의 극작가.

자유사상가

자유사상가의 약점은 자유사상가라는 데 있다. 그는 도저히 광신자처럼 모질고 사납게 싸우지 못한다.

숙명

숙명은 후회의 자식일지도 모른다. 또는 후회는 숙명의 자식일지도 모른다.

그의 행복

그의 행복은 스스로 교양 없음을 아는 데 있다. 또한 그의 불행도— 아아, 어쩌면 이다지도 지루한가!

소설가

가장 바람직한 소설가는 '세상에 정통한 시인'이다.

말

모든 말은 동전처럼 반드시 양면이 있다. 이를테면 '민감한'이란 말의 한 면은 결국 '겁 많은'이란 뜻이다.

어느 물질주의자의 신조

"나는 신을 믿지 않는다. 그러나 신경을 믿는다."

바보

바보는 언제나 그밖에 사람들을 모두 바보라고 생각한다.

처세적인 재능

누가 뭐라고 해도 '증오한다'는 말은 처세적인 재능의 하나이다.

참회

옛 사람은 신 앞에서 참회했다. 현대인은 사회 앞에서 참회한다. 그렇다면 바보와 악당을 제외하면 누구든 참회하지 않고선 사바세계의 고통을 견딜 수 없을지 모른다. 그러나 어느 쪽의 참회이든 얼마만큼 신용할 수 있는가는, 물론 별문제이다.

톨스토이

비류코프*의 톨스토이 전기를 읽으면, 톨스토이의 '나의 참회'나 '나의 종교'가 거짓말이었음이 확실하다. 그렇지만 그 거짓말을 줄곧 이야기해 왔던 톨스토이의 마음만큼 애처로운 것은 없다. 그의 거짓말은 다른 사람의 진실보다도 훨씬 붉은 피를 흘리고 있다.

* 비류코프Pavel Biruikov (1860~1934)_ 톨스토이 숭배자.

두 개의 비극

스트린드베리*의 생애 비극은 '자기 마음대로 보았던' 비극이다. 그러나 톨스토이의 생애 비극은 불행히도 '자기 마음대로 보지 못했던' 비극이다. 따라서 후자는 전자보다도 한층 비극적으로 끝났다.

* 스트린드베리August Strindberg (1849~1912)_ 스웨덴의 작가.

스트린드베리

그는 무엇이든 알고 있었다. 게다가 그는 자신이 알았던 일은 무엇이든 거리낌 없이 털어놓았다. 무엇이든 거리낌 없이— 아니, 그도 또한 우리처럼 얼마간 이해관계를 따졌으리라.

스트린드베리는 그의 작품 '전설'에서, 죽음은 고통인가 아닌가 하는 실험을 했음을 이야기한다. 그렇지만 이런 실험은 유희적으로 할 수 없다. 그도 또한 '죽고 싶다고 생각했지만 죽지 못했던' 한 사람이다.

어느 이상주의자

그는 스스로 현실주의자임을 조금도 의심하지 않았다. 그러나 이런 자신은 결국 이상화한 그 자신이었다.

공포

우리에게 무기를 잡게 하는 것은 언제나 적에 대한 공포다. 게다가 흔히 실재하지 않는 가공의 적에 대한 공포이다.

우리

우리는 모두 그 자신을 부끄러워하며 동시에 그들을 두려워한다. 그러나 누구도 솔직하게 이런 사실을 말하는 사람은 없다.

연애

연애는 다만 성욕의 시적 표현을 받은 것이다. 적어도 시적 표현을 받지 못한 성욕은 연애라고 부를 만한 가치가 없다.

어느 노련한 사람

그는 역시 노련한 사람이다. 스캔들을 일으키지 않을 때엔 연애조차 거의 하지 않는다.

자살

모든 사람에게 공통하는 유일한 감정은 죽음의 공포다. 도덕적으로 자살을 나쁘게 말하는 것도 반드시 우연이 아닐지도 모른다.

자살에 대한 몽테뉴*의 변호는 많은 진리를 포함한다. 자살하지 않는 사람은 자살하지 않는 게 아니다. 자살할 수 없는 것이다.

—죽고 싶다면 언제라도 죽을 수 있다네.
—그럼 시험 삼아 해보게.

* 몽테뉴Michel Eyquem de Montaigne (1533~1592)_ 프랑스 사상가, 수필가.

혁명

혁명 위에 혁명을 더해라. 그러면 우리는 오늘날보다 합리적으로 사바세계의 고통을 겪게 되리라.

운명

유전, 환경, 우연— 우리의 운명을 지배하는 것은 결국 이 세 가지다. 스스로 기뻐할 일은 기뻐해도 좋다. 하지만 타인을 왈가왈부하는 일은 주제넘는 짓이다.

비웃는 사람

다른 사람을 비웃는 사람은, 또한 남우세*를 걱정하는 사람이다.

어느 일본인의 말

나에게 스위스를 달라. 그렇지 않으면 언론의 자유를 달라.

* 남우세_ 남에게 비웃음과 놀림을 받게 됨. 또는 그 비웃음과 놀림.

인간적인, 너무나 인간적인

인간적인, 너무나 인간적인 것은 대부분 확실히 동물적이다.

어느 재자*

그는 악당이 될 수 있어도 바보가 될 수 없다고 믿었다. 그러나 몇 년 뒤에 보니 조금도 악당이 되지 못했을뿐더러 늘 그저 바보로 시종일관했다.

* 재자才子_ 재주가 뛰어난 젊은 남자.

그리스인

복수의 여신을 제우스 위에 둔 그리스인이여. 그대들은 무엇이든 모두 알고 있었다.

그러나 이것은 또한 얼마나 우리 인간의 진보가 더딘가를 보여 주는 이야기다.

어느 악마주의자

그는 악마주의 시인이었다. 그러나 물론 실생활에서는 안전지대 밖으로 나간 일은 단 한 번으로 질려버렸다.

어느 자살자

그는 어떤 사소한 일 때문에 자살하려고 결심했다. 그러나 그 정도의 일 때문에 자살하는 일은 그의 자존심에 커다란 상처였다. 그는 피스톨을 손에 든 채, 오만하게 이렇게 혼잣말을 했다. "나폴레옹도 벼룩에게 물렸을 때엔 틀림없이 가렵다고 했을 거야."

어느 좌경주의자

그는 극좌익보다 더한 좌익이다. 그러므로 극좌익조차 경멸한다.

무의식

우리 성격상의 특색은— 적어도 가장 두드러진 특색은 우리 의식을 초월한다.

우상

누구도 우상을 파괴하는 일에 반대하는 사람은 없다. 또한 그 자신을 우상으로 삼는 일에 반대하는 사람도 없다.

그렇지만 태연히 우상이 되는 일은 아무나 할 수 없다. 물론 천운天運을 제외한 예라고 해도.

천국의 백성

천국의 백성은 무엇보다도 먼저 위와 생식기가 없으리라.

어느 행복한 사람

그는 누구보다도 단순했다.

자기혐오

가장 두드러진 자기혐오의 징후는 모든 일에서 거짓말을 찾아낸다는 점이다. 아니, 반드시 그뿐만이 아니다. 그 거짓말을 발견하는 데 조금도 만족을 느끼지 못한다는 점이다.

외견外見

옛부터 겁쟁이가 가장 용감한 사람으로 보이는 법이다.

인간적인

우리 인간의 특색은 신이 결코 범하지 않는 과실을 범하는 데 있다.

벌罰

벌을 받지 않는 일만큼 고통스러운 벌은 없다. 그것도 결코 벌을 받지 않는다고 신이 보증한다면 별 문제지만.

죄罪

도덕과 법률의 범위에서 모험하는 행위— 죄는 결국 이런 것이다. 따라서 어떠한 죄도 전기적傳奇的인 색채를 띠지 않는 경우는 없다.

나

나는 양심이 없다. 내게 있는 것은 신경뿐이다.

나는 자주 다른 사람이 '죽어버렸으면 좋겠다' 고 생각했다. 게다가 그 다른 사람들 중에는 육친마저 섞여 있었다.

나는 흔히 이렇게 생각했다. '내가 저 여자에게 반했을 때 저 여자도 내게 반했던 것처럼, 내가 저 여자가 싫어졌을 때 저 여자도 나를 싫어하면 좋을 텐데.'

나는 서른 살을 넘긴 뒤, 늘 연애 감정을 느끼자마자 열심히 서정시를 지었고 깊이 빠지기 전에 빠져나왔다. 그러나 그것은 반드시 도덕적으로 내가 진보했다는 말은 아니다. 다만 마음속으로 주판을 놓는 법을 배웠기 때문이다.

나는 아무리 사랑했던 여자라도 한 시간 이상 이야기하는 일은 지루했다.

나는 자주 거짓말을 했다. 그렇지만 글을 쓰는 경우는 문제 삼지 않더라도, 내 입으로 말하는 거짓말은 죄다 졸렬하기 그지없었다.

나는 제삼자와 한 여자를 공유하는 일에 불평하지 않는다. 하지만 제삼자가 행인지 불행인지 이런 사실을 모르고 있을 때, 왠지 그 여자에게 항상 증오를 느낀다.

나는 제삼자와 한 여자를 공유하는 일에 불평하지 않는다. 그러나 그것은 제삼자와 전혀 알지 못하는 사이거나 또는 아주 소원한 사이거나, 이 둘 중 하나를 조건으로 한다.

나는 제삼자를 사랑하기 위해서 남편의 눈을 속이는 여자에게 연애 감정을 느끼지 않는 것은 아니다. 그렇지만 제삼자를 사랑하기 위해서 아이를 돌보지 않는 여자에겐 증오를 느낀다.

나를 감상적으로 만드는 것은 다만 천진난만한 아이뿐이다.

나는 서른 살 전에 어느 여자를 사랑했다. 그녀는 언젠가 나에게 말했다. "당신 부인에게 미안해요." 나는 유달리 내 아내에게 미안함을 느꼈던 것은 아니다. 그러나 묘하게 이 말은 내 마음속에 스며들었다. 나는 정직하게 이렇게 생각했다. '어쩌면 이 여자한테도 미안할지 모른다.' 나는 아직도 이 여자만큼은 따뜻한 마음을 느낀다.

나는 금전에는 냉담했다. 물론 먹고 살기 어렵지 않았기에.

나는 양친에게 효도했다. 양친 모두 늙었기 때문에.

나는 친구 두서넛 명에겐 이를테면 진실을 말하지 않았더라도 거짓말한 적은 한 번도 없었다. 그들도 또한 거짓말하지 않았으니까.

인생

혁명에 혁명을 거듭하더라도 우리 인간의 생활은 '선택 받은 소수'를 제외하면 언제나 암담할 따름이다. 게다가 '선택 받은 소수'란 '바보와 악당'의 다른 이름이다.

민중

셰익스피어도, 괴테도, 이태백*도, 지카마쓰 몬자에몬*도 죽었다. 그러나 예술은 민중 속에 반드시 종자를 남기는 법이다. 나는 다이쇼 12년*에 '설령 옥은 깨져도 기와는 깨지지 않는다'는 글을 썼다. 이 확신은 오늘날까지 여전히 조금도 흔들리지 않는다.

내려치는 해머의 리듬을 들어라. 저 리듬이 있는 한 예술은 영원히 멸망하지 않으리라.

나는 물론 실패했다. 그러나 나를 만들어낸 자는 반드시 또 누군가를 만들어내리라. 나무 한 그루가 말라가는 일은 사소한 문제에 지나지 않는다. 무수한 종자를 가지고 있는, 커다란 지면이 존재하는 한.

---

* 이태백李太白 (701~762)_ 중국 당나라 시인.
* 지카마쓰 몬자에몬近松門左衛門 (1653~1724)_ 에도 중기 가부키歌舞伎 각본 작가.
* 다이쇼大正 12년_ 1923년.

어느 바보의 일생

인생의 비극 제1막은
부모와 자식이 되었다는 데서 시작한다.

인생은 한 줄의 보들레르보다도 못하다.

어느 바보의 일생

구메 마사오* 군에게

나는 이 원고를 발표할 것인가 말 것인가는 물론, 발표 시기와 매체도 자네에게 모두 맡기고 싶네. 자네는 이 원고에 나오는 사람들을 거의 알 것이네. 그렇지만 발표한다고 해도 인덱스를 안 붙였으면 하네.

나는 지금 아주 불행하지만 내 딴엔 행복하게 생활하고 있네. 그러나 이상하게도 후회하진 않네. 다만 나처럼 나쁜 남편, 나쁜 아들, 나쁜 아버지를 둔 사람들을 정말 불쌍하다고 생각한다네. 그럼 잘 있게. 나는 이 원고에서 조금이라도 의식적으로 자기변명을 하지 않으려 했었네.

마지막으로 나는 이 원고를 특히 자네에게 맡긴 이유는 자네가 틀림없이 누구보다도 나를 잘 안다고 생각했기 때문이네. (도시인인 나의 껍질을 벗겨내기만 한다면) 부디 이 원고에서 내 바보스러움을 웃어주기 바라네.

쇼와2년 6월 20일 아카타가와 류노스케

* 구메 마사오久米雅生 (1891~1952)_ 작가.

시대

그곳은 어느 서점의 이층이었다. 스무 살인 그는 서가에 걸쳐진 서양식 사다리에 올라, 새로운 책을 찾고 있었다. 모파상, 보들레르, 스트린드베리, 입센, 쇼, 톨스토이…….

그러는 사이 해가 졌다. 그러나 그는 열심히 책등의 제목을 줄곧 읽어나갔다. 거기에 늘어선 것은 책이 아닌 오히려 세기말 그 자체였다. 니체, 베를렌, 콩쿠르형제, 도스토예프스키, 하우프만, 플로베르…….

그는 어둠과 싸워가며 그들의 이름을 세어갔다. 하지만 책은 스스로 우울한 그림자 속으로 잠겼다. 그는 마침내 참을 수 없어서 서양식 사다리를 내려오려고 했다. 그러자 갓 없는 전등 하나가 그 순간 갑자기 그의 이마 위에서 번쩍 불을 밝혔다. 그는 사다리 위에 선 채로, 책 사이에서 일하는 점원과 손님을 내려다보았다. 그들은 묘하게 작았다. 뿐만 아니라 매우 초라하게 보였다.

"인생은 한 줄의 보들레르보다도 못하다."

그는 잠시 사다리 위에서 이렇게 말하는 그들을 바라보았다.

어머니

광인들은 모두 하나같이 쥐색 옷을 입었다. 넓은 방은 그 때문에 더욱 우울하게 보였다. 그들 중에 한 사람은 오르간 앞에 앉아서 열심히 찬송가를 쳤다. 또 한 사람은 방 한가운데 서서 춤춘다기보다 뛰어다녔다.

그는 혈색 좋은 의사와 함께 이런 광경을 쳐다보았다. 그의 어머니도 십 년 전엔 조금도 그들과 다르지 않았다. 조금도— 그는 사실 그들의 불쾌한 냄새로 기분 나쁜 어머니의 냄새를 느꼈다.

"그럼 가볼까?"

의사는 그보다 앞장서서 복도를 따라 어느 방으로 갔다. 그 방 한 구석엔 알코올을 채운 커다란 유리병이 놓여 있었다. 그 안엔 뇌가 몇 개 들어 있었다. 그는 어떤 뇌 위에서 얼마쯤 하얀 부분을 찾아냈다. 그 부분은 마치 달걀 흰자위를 떨어뜨린 듯싶었다. 그는 의사와 선 채로 이야기하며 다시 한 번 어머니를 생각했다.

“그 뇌를 가졌던 남자는 XX전등회사의 기사였다네. 언제나 자신을 검은 빛을 내는 커다란 다이너모(발전기)라고 생각했었지.”

그는 의사의 눈을 피하기 위해 유리창 밖을 바라보았다. 거기엔 깨진 병 조각을 꽂아놓은 벽돌담밖엔 아무것도 없었다. 그러나 벽돌담 이곳저곳엔 엷은 이끼가 얼룩처럼 부옇게 빛을 바래고 있었다.

집

그는 어느 교외의 이층 방에서 살았다. 그곳은 지반이 약해서 묘하게 기울어진 이층이었다.

그 이층에서 그는 큰어머니와 자주 다투었다. 그 말다툼은 양부모의 중재를 받는 일도 없진 않았다. 그러나 그는 큰어머니에게 누구보다도 사랑을 느꼈다. 평생 독신인 큰어머니는 이제 그가 스무 살일 때 육십에 가까운 노인이었다.

그는 어느 교외의 이층에서 서로 사랑하는 사람들은 왜 서로 괴롭힐까 하고 생각하곤 했다. 그러는 동안에도 어쩐지 기분 나쁜 이층의 기울어짐을 느끼면서.

도쿄

스미다 강은 잔뜩 흐렸다. 그는 달리는 작은 증기선의 창문으로 무코우 섬의 벚꽃을 바라보았다. 활짝 핀 벚꽃은 그의 눈엔 한 줄로 늘어선 누더기처럼 우울했다. 그러나 그는 그 벚꽃에서— 에도* 시대부터 줄곧 그 자리를 지켜온 무코우 섬의 벚꽃에서 불현듯 그 자신을 발견했다.

* 에도江戸_ 도쿄의 옛 이름.

자아

그는 선배와 함께 어느 카페의 테이블에 앉아 연거푸 담배를 피워댔다. 그는 그다지 말하지 않았다. 하지만 선배의 말엔 열심히 귀를 기울였다.

"오늘은 한나절이나 자동차를 탔었다."

"무슨 일 있었나요?"

선배는 턱을 괸 채 대수롭지 않게 대답했다.

"아니, 그저 타고 싶었을 뿐이야."

선배의 말은 그가 알지 못하는 세계로— 신들에게 가까운 '자아'의 세계로 그 자신을 해방시켰다. 그는 어떤 아픔을 느꼈다. 그렇지만 동시에 기쁨도 느꼈다.

그 카페는 아주 작았다. 그러나 액자 그림인 목신牧神의 이마 아래로, 빨간 화분에 심은 고무나무 한 그루가 두툼한 잎을 힘없이 늘어뜨리고 있었다.

병病

그는 끊임없는 바닷바람 속에서 커다란 영어사전을 펼치고 손가락 끝으로 단어를 찾았다.

Talaria— 날개가 달린 신발, 또는 샌들.

Tale— 이야기.

Talipot— 동인도에서 나는 야자수. 줄기는 오십 피트에서 백 피트에 이른다. 잎은 우산, 부채, 모자 등으로 쓰인다. 칠십 년에 한 번 꽃을 피운다…….

그의 상상은 확실히 이 야자수꽃을 그려냈다. 그러자 그는 목 안에서 지금껏 알지 못했던 가려움을 느끼고 자기도 모르게 사전 위에 가래를 떨어뜨렸다. 가래를? 그러나 그것은 가래가 아니었다. 그는 짧은 목숨을 생각하며 다시 한 번 야자수꽃을 상상했다. 바다 저편에 높이 솟아 있는 야자수꽃을.

그림

그는 갑자기— 그것은 실제로 갑자기였다. 그는 어느 서점 앞에 서서 고흐 화집을 보는 동안, 갑자기 그림이라는 것을 이해했다. 물론 그 화집은 사진판임이 분명했다. 그러나 그는 사진판에서도 선명하게 떠오르는 자연을 느꼈다.

이러한 그림에 대한 정열은 그의 시야를 새롭게 했다. 그는 언제부턴가 나뭇가지의 굴곡이나 여자 볼의 부푼 모양에 줄곧 주의를 기울이곤 했다.

비 내리는 어느 가을날 해질 무렵, 그는 어느 교외의 구름다리 밑을 지나갔다. 구름다리 건너편 제방 밑엔 짐수레가 한 대 서 있었다. 그는 그곳을 지나가며 누군가 이전에 이 길을 지나간 사람이 있음을 느꼈다. 누구인가? 그것은 스스로 새삼스럽게 물어볼 필요도 없었다. 스물세 살인 그의 마음속엔 귀를 자른 네덜란드인 한 사람이 긴 파이프를 입에 문 채, 이 우울한 풍경화 위에 가만히 날카로운 시선을 던지고 있었다…….

불꽃

그는 비에 젖은 채 아스팔트 위를 걸어갔다. 비는 제법 심했다. 그는 찬 빗물에서 레인코트의 냄새를 느꼈다.

그러자 눈앞에서 전깃줄 하나가 보라색 불꽃을 일으켰다. 그는 묘한 감동을 받았다. 그의 윗도리 포켓엔 그들의 동인잡지에 발표할 원고가 감춰져 있었다. 그는 빗속을 걸어가며 다시 한 번 뒤쪽에 전깃줄을 올려다보았다.

전깃줄은 여전히 날카로운 불꽃을 튀기고 있었다. 그는 인생을 돌아보아도 별로 탐나는 것이 없었다. 그러나 저 보라색 불꽃만은— 저 섬뜩한 공중의 불꽃만은 목숨과 바꿔서라도 붙잡고 싶었다.

시체

시체는 모두 엄지손가락에 철사줄로 이어진 표찰이 매달려 있었다. 그 표찰엔 이름과 나이가 적혀 있었다. 그의 친구는 허리를 굽히고 능숙하게 메스를 움직이면서 어느 시체의 얼굴 가죽을 벗기기 시작했다. 가죽 밑에 퍼져 있는 것은 아름다운 노란색 지방이었다.

그는 그 시체를 바라보았다. 그 일은 그에게 어느 단편을— 왕조시대를 배경으로 하는 어느 단편을 완성하기 위해 필요했다. 그러나 썩은 살구 냄새와 비슷한 시체의 악취는 불쾌했다. 그의 친구는 눈살을 찌푸리며 조용히 메스를 움직였다.

"요즘엔 시체도 부족하다네."

그의 친구는 이렇게 말했다. 그러자 그는 어느새 대답을 준비했다.

"나는 시체가 부족하다면 아무런 악의도 없이 살인할 걸세."

하지만 물론 그의 대답은 마음속에 있을 뿐이었다.

선생*

그는 커다란 떡갈나무 아래서 선생의 책을 읽었다. 떡갈나무는 가을 햇살 속에서 한 잎조차 움직이지 않았다. 어딘가 먼 하늘에서 유리접시를 드리운 저울 하나가 정확히 평형을 유지하고 있었다― 그는 선생의 책을 읽으면서 이런 광경을 느꼈다…….

* 선생_ 나쓰메 소세키를 가리킴.

새벽

밤은 차츰 밝아갔다. 어느덧 그는 어느 마을 한 구석에서 넓은 시장을 바라보았다. 시장에 모여든 사람들과 차들은 모두 장밋빛으로 물들었다.

그는 담배에 불을 붙이고 나서 조용히 시장 안으로 걸어 들어갔다. 그러자 비쩍 마른 검둥개 한 마리가 느닷없이 그를 향해 짖어댔다. 그러나 그는 놀라지 않았다. 뿐만 아니라 그 개조차도 사랑했다.

시장 한가운데엔 플라타너스 한 그루가 사방에 가지를 뻗고 있었다. 그는 나무 아래 서서 나뭇가지 사이로 높은 하늘을 우러러보았다. 하늘엔 그의 머리 바로 위로 별 하나가 반짝거렸다.

이날은 그의 나이 스물다섯이 되던 해— 선생을 만난 지 석 달째 되는 날이었다.

군항軍港

잠수함의 내부는 어두웠다. 그는 사방이 기계장치로 둘러싸인 공간에서 허리를 굽히고 작은 잠망경을 들여다보았다. 그 잠망경에 비친 모습은 밝은 군항의 풍경이었다.

"저쪽에 곤고우金剛 (순양함 이름)가 보이지요."

어느 해군장교는 이렇게 그에게 말을 걸기도 했다. 그는 네모난 렌즈로 작은 군함을 바라보면서 어쩐지 불쑥 파슬리를 생각했다. 일인분에 삼십 전 하는 비프스테이크 위에서 흐릿하게 냄새를 풍기는 파슬리를.

선생의 죽음

그는 비가 갠 바람 속에서 새로 생긴 어느 정거장의 플랫폼을 걸었다. 하늘은 아직 어두웠다. 플랫폼 저편에선 철도 인부 서너 명이 일제히 곡괭이를 휘두르며 높은 목소리로 노래를 부르고 있었다.

비가 갠 뒤에 부는 바람은 인부들의 노래와 그의 감정을 흩날려버렸다. 그는 담배에 불도 붙이지 않고 기쁨에 가까운 괴로움을 느꼈다. '선생님 위독'이라는 전보를 외투 포켓에 찔러 넣은 채…….

그때 소나무가 우거진 건너편 산그늘에서 오전 여섯 시 상행열차가 옅은 연기를 뿜어내며 꿈틀거리듯이 이쪽으로 다가왔다.

결혼

그는 결혼한 다음날 '오자마자 이렇게 낭비하면 못써'하고 아내에게 잔소리를 했다. 그러나 그것은 그의 잔소리가 아닌, 큰어머니가 말하라고 시킨 잔소리였다. 아내는 그한테는 물론, 큰어머니에게도 잘못을 빌었다. 그를 위해 사온 노란 수선화 화분을 앞에 놓은 채…….

그들

그들은 평화롭게 살았다. 커다란 파초 잎이 펼쳐진 그늘에서— 그들의 집은 도쿄에서 기차로도 한 시간 이상 걸리는 어느 바닷가 마을에 있었기에.

베개

그는 장미잎 냄새가 나는 회의주의를 베개 삼아 아나톨 프랑스의 책을 읽고 있었다. 그러나 어느새 그 베개 속에도 켄타우로스半身半馬神가 들어와 있음을 끝내 알아채지 못했다.

나비

바다풀 냄새 가득한 바람 속에서 나비 한 마리가 날개를 펄럭이고 있었다. 그는 한순간 마른 입술에 그 나비의 날개가 닿는 것을 느꼈다. 그러자 그의 입술 위에 어느새 남겨진 날개가루만은 몇 년이 지난 뒤에도 여전히 반짝거렸다.

달

그는 어느 호텔의 계단에서 우연히 그녀를 만났다. 그녀의 얼굴은 이런 한낮에도 달빛 속에 있는 듯했다. 그는 그녀를 돌아보면서 (그들은 전혀 모르는 사이였다.) 지금껏 알지 못했던 외로움을 느꼈다…….

인공人工의 날개

그는 아나톨 프랑스에서 18세기 철학자들로 옮겨 갔다. 하지만 루소에겐 접근하지 않았다. 그것은 어쩌면 그 자신의 일면— 정열에 불타기 쉬운 일면이 루소와 가깝기 때문인지도 몰랐다. 그는 자신의 다른 일면— 차갑게 이지적인 일면에 가까운 '캉디드'*의 철학자에게 다가갔다.

인생은 스물아홉의 그에겐 이제 조금도 밝지 않았다. 그렇지만 볼테르는 이런 그에게 인공의 날개를 제공했다.

그는 이 인공의 날개를 펼치고 쉽사리 하늘로 날아올랐다. 이와 동시에 이지의 빛을 받은 인생의 기쁨이나 슬픔은 그의 눈 밑으로 가라앉았다. 그는 볼품없는 거리들 위에 반어와 미소를 던지면서 거침없이 곧바로 태양을 향해 하늘로 올라갔다. 마치 이 인공의 날개가 태양빛에 불타버려서 결국 바다에 떨어져 죽은 옛날 그리스 사람도 잊어버렸다는 듯이…….

* 캉디드_ 볼테르의 소설 작품.

형구械具*

그들 부부는 양부모와 함께 한집에서 살았다. 이는 그가 어느 신문사에 입사하게 되었기 때문이었다. 그는 누런 종이에 쓴 계약서 한 장을 믿었다. 그 계약서는 나중에 알고 보니, 신문사는 아무런 의무도 지지 않고 그에게만 의무를 지우는 내용의 것이었다.

* 형구械具_ 형벌이나 고문을 가할 때 쓰는 도구.

광인의 딸

두 대의 인력거는 흐린 날씨 속에서 인기척 없는 시골길을 달렸다. 그 길은 바다로 향했다. 이는 바닷바람이 부는 것으로도 알 수 있었다. 뒤쪽 인력거에 탄 그는 조금도 이 랑데부에 흥미가 없었다. 그는 이 점을 이상히 여기며 자신을 이곳으로 이끌고 온 것은 무엇인지 생각했다. 그것은 결코 연애는 아니었다. 만약 연애가 아니라면— 그는 이 대답을 피하기 위해 '아무튼 우리는 대등하다'고 생각할 수밖에 없었다.

앞쪽 인력거에 탄 사람은 어느 광인의 딸이었다. 뿐만 아니라 그녀의 여동생은 질투 때문에 자살했었다.

"이젠 어쩔 수 없어."

그는 이제 이 광인의 딸에게— 동물적인 본능만 강한 그녀에게 더러 증오마저 느꼈다.

두 대의 인력거는 그 사이 갯비린내 나는 묘지의 울타리 바깥을 지나갔다. 굴 껍데기가 붙어 있는 울타리 안엔 검은 빛을 띤 석탑들이 있었다. 그는 석탑들 저편으로 어렴풋하게 빛나는 바다를 바라보며 불현듯 그녀의 남편을— 그녀의 마음을 사로잡지 못한 그녀의 남편을 경멸했다…….

어느 화가

그것은 어느 잡지의 삽화였다. 한 마리 수탉의 묵화墨畵는 뚜렷한 개성을 보여주었다. 그는 어느 친구에게 이 화가에 대해 물어보기도 했다.

일주일쯤 지난 뒤, 이 화가는 그를 방문했다. 이 일은 그의 일생에서도 특히 눈에 띄는 사건이었다. 그는 이 화가에게서 아무도 모르는 시를 발견했다. 뿐만 아니라 그 자신도 몰랐던 자기 영혼을 찾아냈다.

어느 쌀쌀한 가을날 해질 무렵, 그는 수수 한 그루에서 불쑥 이 화가를 떠올렸다. 키가 큰 수수는 거친 잎을 두른 채, 흙 위에 신경처럼 가느다란 뿌리를 드러냈다. 그 모습은 물론 상처 받기 쉬운 그의 자화상임이 분명했다. 하지만 이런 발견은 그를 우울하게 할 뿐이었다.

“이젠 늦었다. 그러나 무슨 일 있을 때엔…….”

그녀

어느 광장엔 어둠이 내렸다. 그는 미열이 있는 몸으로 이 광장을 거닐었다. 여러 채 커다란 빌딩에서 창문 불빛이 희미한 은빛으로 맑은 하늘에 반짝이고 있었다.

그는 길가에 서서 그녀를 기다렸다. 오 분쯤 뒤에 그녀는 왠지 초췌한 모습으로 그가 있는 쪽으로 걸어왔다. 그러나 그의 얼굴을 보자 "피곤해요." 하고 말하면서도 웃음을 지었다. 그들은 어깨를 나란히 하고 어두워지는 광장을 걸어갔다. 이런 데이트는 그들로선 처음 있는 일이었다. 그는 그녀와 함께 있기 위해서라면 무엇이든 버려도 좋다고 생각했다.

그들이 자동차에 탄 뒤에 그녀는 물끄러미 그의 얼굴을 살펴보며 "당신은 후회하지 않아요?" 하고 물었다. 그는 단호한 어조로 후회하지 않는다고 대답했다. 그녀는 그의 손을 잡으며 "나는 후회하지 않지만." 하고 말했다. 그녀의 얼굴은 이런 순간에도 달빛 속에 있는 듯했다.

출산

그는 미닫이 옆에 선 채 흰 수술복의 산파가 갓난아기를 씻기는 모습을 보았다. 갓난아기는 비누가 눈에 스며들 때마다 애처롭게 얼굴을 찡그리곤 했다. 게다가 큰 소리로 줄곧 울어댔다. 그는 왠지 쥐새끼를 닮은 듯한 갓난아기의 냄새를 맡으며 절실히 이렇게 생각하지 않을 수 없었다.

"무엇을 위해 이 녀석은 태어났단 말인가? 고통으로 가득한 이 세상에. 또 뭐 때문에 이 녀석은 나 같은 인간을 아버지로 부를 운명을 짊어졌을까?"

그리고 그 갓난아기는 그의 아내가 처음 출산한 아들이었다.

스트린드베리

그는 방문 앞에 서서, 석류꽃 핀 달빛 속에서 지저분한 중국인 몇 명이 마작을 하는 모습을 바라보았다. 그리고 방 안으로 돌아와서, 키 작은 램프 불빛 아래서 '바보의 고백'을 읽기 시작했다. 그러나 두 페이지도 넘기기 전에 쓴웃음을 지었다. 스트린드베리도 자신의 정부였던 백작부인에게 보내는 편지에서 그와 별반 다름없는 거짓말을 쓰고 있었다…….

고대古代

채색이 벗겨진 불상들과 천인天人과 말과 연꽃은 거의 그를 압도했다. 그는 그것들을 올려다보면서 모든 일을 잊었다. 광인의 딸 손아귀에서 벗어난 그 자신의 행복조차도…….

스파르타식 훈련

그는 친구와 함께 어느 뒷골목을 걷고 있었다. 그곳으로 포장을 씌운 인력거 한 대가 맞은편에서 곧장 다가왔다. 더욱이 그 위에 탄 사람은 뜻밖에도 어젯밤의 그녀였다. 그녀의 얼굴은 이런 한낮에도 달빛 속에 있는 듯했다. 그들은 그의 친구 앞에서 물론 인사조차 나누지 않았다.

"미인이군요."

그의 친구는 이렇게 말했다. 그는 길 막다른 곳에 봄산을 바라보며 조금도 망설이지 않고 대답했다.

"네. 상당히 미인이네요."

살인

시골길은 햇살 속에서 쇠똥 냄새를 풍기고 있었다. 그는 땀을 닦으며 완만한 오르막길에 올랐다. 길 양쪽에 무르익은 보리밭에서 향기로운 냄새가 났다.

"죽여라, 죽여……."

그는 자기도 모르게 입속으로 이런 말을 되뇌었다. 누구를? 그것은 그에겐 분명했다. 그는 아무리 봐도 비굴한 스포츠머리의 남자를 떠올렸다.

그러자 누렇게 물든 보리밭 너머로 로마 가톨릭 성당이 어느새 둥근 지붕을 나타냈다…….

형태形態

그것은 쇠로 만든 술병이었다. 그는 가느다란 줄이 새겨진 술병에서 어느새 '형태'의 미를 배웠다.

비

그는 큰 침대 위에서 그녀와 여러 가지 이야기를 나누었다. 침실 창문 밖은 비가 내리고 있었다. 문주란꽃은 이 빗속에서 어느덧 썩어가는 듯했다. 그녀의 얼굴은 여전히 달빛 속에 있는 것 같았다. 그렇지만 그녀와 이야기하는 일은 그로선 지루했다. 그는 엎드린 채 조용히 담배에 불을 붙이고 나서 그녀와 함께 세월을 보낸 지도 벌써 칠 년이나 된 것을 생각했다.

"나는 이 여자를 사랑하는 걸까?"

그는 자기에게 이렇게 질문했다. 그 대답은 늘 자신을 스스로 지켜보아온 그에게도 뜻밖이었다.

"나는 아직도 사랑한다."

대지진

그것은 어딘지 너무 익은 살구냄새와 비슷했다. 그는 불탄 폐허를 걸으면서 희미하게 이 냄새를 맡으며, 한낮 무더위에 썩어가는 시체 냄새도 의외로 나쁘지 않다고 생각하기도 했다. 그러나 시체가 몇 겹으로 쌓여 있는 연못 앞에 서 보니 '처참하다'는 말도 감각적으로 결코 과장이 아님을 발견했다. 특히 그의 마음을 움직인 것은 열두세 살 정도의 아이 시체였다. 그는 이 시체를 바라보며 일종의 부러움을 느꼈다. 신에게 사랑받는 자는 요절한다— 이런 말들도 생각했다. 그의 누나와 이복동생은 모두 집이 불타버렸다. 하지만 그의 누나 남편은 위증죄를 저질러서 집행유예중인 몸이었다…….

'모두 죽어버렸으면 좋겠어.'

그는 불탄 자리에 우두커니 서서 간절히 이렇게 생각했다.

싸움

그는 이복동생과 맞붙어 싸웠다. 이복동생은 자주 그를 부담스러워했다. 동시에 그도 동생 때문에 자유를 잃고 있었다. 친척은 동생에게 그를 본받으라고 말해왔다. 그러나 그 말은 그 자신에겐 손발이 묶이는 일과 다름없었다. 그들은 엉겨 붙은 채 결국 마루까지 굴러갔다. 뜰에는 백일홍 하나가— 그는 지금도 기억한다— 비올 듯한 하늘 아래서 붉은 꽃을 피우고 있었다.

영웅

그는 볼테르의 집 창문에서 높은 산을 올려다보았다. 빙하가 걸린 산 위에는 독수리 그림자조차 보이지 않았다. 그러나 키 작은 러시아인* 한 명이 집요하게 산길을 오르고 있었다.

볼테르의 집에도 밤이 찾아온 뒤, 그는 밝은 램프 불빛 아래서 이런 경향시를 쓰기도 했다. 저 산길을 올라가던, 러시아 사람의 모습을 떠올리면서…….

누구보다도 십계를 지켰던 그대는
누구보다도 십계를 파괴한 당신이었다.

누구보다도 민중을 사랑했던 그대는
누구보다도 민중을 경멸한 당신이었다.

누구보다도 이상에 불탔던 그대는
누구보다도 현실을 아는 당신이었다.

당신은 우리 동양이 낳은
화초 냄새가 나는 전기기관차다.

---

* 레닌을 말함.

색채

서른 살의 그는 언제부턴지 어느 공터를 사랑했다. 그곳엔 다만 이끼가 끼고 벽돌이나 기와 조각 따위가 흩어져 있었다. 그러나 그것은 그의 눈엔 폴 세잔의 풍경화와 다를 바 없는 모습이었다.

그는 문득 칠팔 년 전 자신의 정열을 회상했다. 동시에 그 칠팔 년 전엔 색채를 알지 못했음을 깨달았다.

마네킹

그는 언제 죽어도 후회가 남지 않도록 격렬하게 살려고 했다. 그러나 여전히 양부모나 큰어머니의 눈치를 살피는 생활은 끝내 변하지 않았다. 그것은 그의 생활에 명암의 양면을 만들어냈다. 그는 어느 양복점가게에 서 있는 마네킹을 보고 자신이 얼마나 마네킹에 가까운지 생각했다. 그렇지만 이러한 의식 밖에 그 자신은— 말하자면 제이第二의 그 자신은 벌써 이런 심정을 어느 단편에서 썼다.

권태

그는 어느 대학생과 함께 억새풀 들판을 거닐었다.

"자네는 아직도 생활의욕이 왕성하겠지?"

"예, 하지만 선생님도……."

"그런데 나는 가지고 있지 않네. 제작 의욕이라면 몰라도."

이 말은 그의 진심이었다. 그는 사실 생활에 흥미를 잃었다.

"제작 의욕도 또한 생활욕이지요."

그는 아무런 대답도 하지 않았다.

억새풀 들판은 어느새 붉은 이삭 위로 분화산을 드러냈다. 그는 이 분화산에서 일종의 부러움을 느꼈다. 그러나 그 자신도 무엇을 부러워하는지 알 수 없었다……

나그네

그는 자신과 재능을 견줄 수 있는 여자를 만났다. 그러나 '나그네'라는 서정시를 지어서 간신히 이 위기를 모면했다. 그것은 어쩐지 나무줄기에 얼어붙은 빛나는 눈을 떨어내는 듯한 안타깝고 쓸쓸한 마음이 드는 일이었다.

바람에 날리는 삿갓이
어찌 길 위에 떨어지지 않으리.
내 이름 아쉬울 것 없으나
아쉬운 것은 그대 이름뿐이네.

복수

그곳은 봄철 어느 호텔의 발코니였다. 그는 그곳에서 그림을 그리면서 한 소년과 놀았다. 칠 년 전에 관계를 끊었던 광인의 딸, 그녀의 외아들과.

광인의 딸은 담배에 불을 붙이며 그들이 노는 모습을 바라보고 있었다. 그는 무거운 마음으로 기차와 비행기를 그렸다. 소년은 다행히 그의 아들이 아니었다. 그렇지만 자신을 '아저씨'하고 부르는 것에 그는 무엇보다도 괴로웠다.

소년이 어디론가 나간 뒤, 광인의 딸은 담배를 피우며 아양을 떨듯 그에게 말을 걸었다.

"저 아이는 당신을 닮지 않았어요?"

"닮지 않았어요. 첫째……."

"하지만 태교라는 것도 있잖아요."

그는 입을 다물고 시선을 돌렸다. 그러나 그의 마음속엔 이렇게 말하는 그녀를 목 졸라 죽이고 싶다는, 잔혹한 욕망마저 일어났다.

거울

그는 어느 카페 구석에서 친구와 이야기하고 있었다. 친구는 구운 사과를 먹으며 이즈음 추위 따위를 말했다. 그는 이런 이야기에서 갑자기 모순을 느꼈다.

"자네는 아직 독신이지?"

"아니, 이제 다음 달에 결혼한다네."

그는 엉겁결에 입을 다물고 말았다. 카페의 벽에 끼워 넣은 거울은 무수한 그 자신을 비추고 있었다. 냉정하게, 어쩐지 위협하는 듯이…….

문답

어째서 너는 현대의 사회제도를 공격하는가?

자본주의가 낳은 악을 보고 있기 때문에.

악을? 나는 네가 선악의 차이를 인정하지 않는다고 생각한다. 그럼 네 생활은?

그는 이렇게 천사와 문답했다. 당연히 그 누구에게도 부끄러워할 것 없는 실크해트를 쓴 천사와…….

병

그는 불면증에 걸렸다. 뿐만 아니라 체력도 떨어졌다. 의사 몇몇은 그의 병에 저마다 두세 가지 진단을 내렸다. 위산과다, 위아토니, 건성늑막염, 뇌피로…….

하지만 그는 스스로 병의 원인을 잘 알고 있었다. 그것은 그 자신을 부끄러워하는 동시에 그들을 두려워하는 마음이었다. 그들을— 그가 경멸하는 사회를!

눈이 내릴 듯한 어느 흐린 오후, 그는 카페 구석에서 불붙인 시가를 입에 문 채 맞은편 축음기에서 흘러나오는 음악에 귀를 기울였다. 그 음악은 그의 기분을 묘하게 빠져들게 했다. 그는 음악이 끝나길 기다려서 축음기 앞으로 걸어가 레코드 제목을 살펴보았다.

마술피리— 모차르트

그는 그 순간 깨달았다. 십계를 깨뜨린 모차르트 또한 괴로워했음을. 그러나 설마 그처럼……. 그는 고개를 숙인 채 조용히 자기 테이블로 돌아갔다.

신들의 웃음소리

서른다섯 살인 그는 봄볕이 따사로운 솔숲을 걷고 있었다. 이삼 년 전에 그 자신이 쓴 '신들은 불행하게도 우리처럼 자살할 수 없다'는 말을 생각하면서…….

밤夜

밤은 다시 한 번 다가왔다. 거친 바다는 희미한 어둠 속에서 끊임없이 물보라를 일으켰다. 그는 이런 하늘 아래서 그의 아내와 두 번째 결혼을 했다. 그것은 그들에게 기쁨이었다. 그러나 동시에 괴로움이었다. 세 명의 아이는 그들과 함께 앞바다에서 치는 번개를 바라보았다. 그의 아내는 아이 하나를 끌어안고 눈물을 참아내는 듯했다.

"저쪽에 배가 하나 보이지?"

"예."

"돛대가 두 개로 부러진 배가."

죽음

그는 혼자 자게 된 일을 다행으로 여기며 창살에 허리띠를 걸어서 목매달아 죽으려 했다. 그렇지만 허리띠로 목을 감으니 갑자기 죽음이 두려워졌다. 그 두려움은 조금도 죽는 순간의 고통 때문이 아니었다. 그는 두 번째는 회중시계를 들고 시험 삼아서 목매어 죽는 시간을 재어 보기로 했다. 그러자 잠시 고통을 느낀 후 모든 게 희미해지기 시작했다. 그 순간을 넘기만 한다면 죽음의 세계로 들어가 버릴 것이 확실했다. 그는 시계바늘을 살펴보며 고통을 느낀 시간은 일분 이십 몇 초임을 알았다. 창살 밖은 컴컴했다. 그러나 그 어둠속에서 거친 닭울음소리가 들려왔다.

Divan

Divan*은 한번 더 그의 마음에 새로운 힘을 주려고 했다. 그것은 그가 알지 못했던 '동양적인 괴테'였다. 그는 모든 선악의 피안에서 유유히 서 있는 괴테를 바라보며 절망에 가까운 부러움을 느꼈다. 시인 괴테는 그의 눈엔 시인 예수보다도 위대했다. 이 시인의 마음속에선 아크로폴리스나 골고다 그밖에도 아라비아의 장미마저 꽃을 피워댔다. 만약 이 시인의 발자취를 따라갈 힘이 얼마간 있다면— 그는 디반을 다 읽고 나서 두려운 감동이 가라앉은 뒤, 생활적인 환관宦官으로 태어난 그 자신을 사무치게 경멸하지 않을 수 없었다.

* Divan_ 괴테의 서동西東시집.

거짓말

매형의 자살은 별안간 그에게 큰 충격을 주었다. 이번엔 그는 누이일가를 돌봐줘야만 했다. 그의 장래는 적어도 그 자신에겐 해질녘처럼 어두웠다. 그는 자신의 정신적 파산에서 일종의 냉소를 느끼면서— 그는 자신의 악덕과 약점은 모조리 알고 있었다— 여전히 여러 가지 책을 읽어나갔다. 그러나 루소의 참회록조차 영웅적인 거짓말로 가득 차 있었다. 특히 '신생新生'*에 이르러선 그는 '신생'의 주인공만큼 교활한 위선자를 만난 적이 없었다. 하지만 프랑수와 비용*만은 그의 마음에 사무쳤다. 그는 몇 편의 시에서 '아름다운 수컷'을 발견했다.

교수형을 기다리는 비용의 모습은 그의 꿈속에서도 나타나곤 했다. 그는 여러 번 비용처럼 인생의 밑바닥으로 떨어지려고 했었다. 그렇지만 그의 처지나 육체적 에너지는 그런 것을 허락하지 않았다. 그는 차츰차츰 쇠약해져갔다. 마치 스위프트* 가 본 나뭇가지 끝에서부터 시들어가는 나무처럼…….

* 신생新生_ 작가 시마자키 도손이 1918년 5월부터 10개월 동안 신문에 발표한 소설.
* 15세기 프랑스 시인.
* '걸리버 여행기' 의 작가.

불장난

그녀의 얼굴은 빛나고 있었다. 그 모습은 마치 아침 햇살이 살얼음을 비치는 듯했다. 그는 그녀에게 호감를 느꼈다. 그러나 연애 감정을 느끼진 않았다. 뿐만 아니라 그녀의 손가락 하나 건드리지 않았다. '

"죽고 싶어 하신다면서요."

'네. 아니, 죽고 싶다기보다 사는 데 질렸습니다.'

그들은 이런 이야기를 나눈 후 함께 죽기로 약속했다.

"플라토닉 수어사이드*군요.'

"더블 플라토닉 수어사이드."

그는 자신의 침착함을 스스로 신기하게 생각했다.

* platonic suicide_ 정신적 자살.

죽음

그는 그녀와 죽지 않았다. 다만 아직껏 그녀 몸에 손가락 하나 건드리지 않은 일만은 그에겐 어쩐지 만족스러웠다. 그녀는 아무 일도 없었다는 듯 이따금 그와 이야기하곤 했다. 뿐만 아니라 그에게 자기가 가진 청산가리 한 병을 주면서 "이것만 있다면 서로 마음이 든든하겠지요." 하고 말하기도 했다.

그것은 사실 그의 마음을 든든하게 했다. 그는 혼자 등나무 의자에 앉아 참나무 새 잎을 바라보면서 죽음이 그에게 가져다줄 평화를 생각했다.

박제剝製된 백조

그는 있는 힘을 다해서 자신의 자서전을 써 보려고 했다. 그러나 그 자신으로선 쉽지 않은 일이었다. 그 이유는 그에게 자존심과 회의주의, 이해타산이 여전히 남아 있기 때문이었다. 그는 이러한 자신을 경멸했다. 그렇지만 또 한편으론 누구든 한 꺼풀 벗겨내면 매한가지다고 생각하지 않을 수 없었다. '시와 진실'*이란 책의 제목은 그에겐 모든 자서전의 이름처럼 여겨졌다. 게다가 문예작품에서 반드시 모든 사람이 감동받지 못한다는 사실을 그도 잘 알았다. 그의 작품이 호소하는 대상은 그와 엇비슷한 생애를 보낸, 그와 가까운 사람들밖엔 있을 리 없었다. 이런 생각도 그에게 작용했다. 그는 자기를 위해 간략하나마 자신만의 '시와 진실'을 써 보기로 했다.

그는 '어느 바보의 일생'을 쓰고 나서, 우연히 어느

* 괴테의 자서전을 말함.

고물상에서 박제가 된 백조를 발견했다. 백조는 목을 세우고 서 있긴 했지만 누렇게 색이 바랜 깃털마저 벌레한테 파먹히고 있었다. 그는 자신의 한평생을 돌아보며 눈물과 냉소가 솟아오르는 것을 느꼈다. 그의 앞에 놓인 것은 다만 발광이나 자살뿐이었다. 그는 해질녘 거리를 혼자 걸으면서 서서히 그를 멸망시키러 오는 운명을 기다리기로 결심했다.

포로

그의 친구 한 명이 발광했다. 그는 이 친구에게 언제나 친밀감을 느꼈다. 그는 이 친구의 고독을—경쾌한 가면 밑에 있는 남다른 고독을 누구보다 잘 알고 있었다. 그는 이 친구가 발광한 후, 두세 번 찾아갔다.

"자네와 나는 악귀가 씌었다네. 세기말이라는 악귀한테 말이지."

이 친구는 목소리를 죽이며 이런 말을 그에게 하기도 했다. 그러나 그로부터 이삼일 뒤 어느 온천의 여관으로 가는 도중에 장미꽃마저 먹더라는 것이었다. 그는 이 친구가 입원한 후, 언젠가 이 친구에게 선물한 테라코타 반신상이 생각났다. 그것은 이 친구가 사랑한 '검찰관' 작가의 반신상이었다. 그는 고골리도 또한 미쳐서 죽었음을 생각하며 무언가 그들을 지배하는 힘을 느끼지 않을 수 없었다.

그는 완전히 지쳐버린 끝에 문득 라디게*가 임종

때 남긴 글을 읽어보았다. 그리고 다시 한 번 신들의 웃음소리를 느꼈다. 그것은 '신의 병졸들이 나를 잡으러 온다'는 말이었다. 그는 자신의 미신이나 감상주의와 싸우려고 했다. 그러나 어떤 싸움도 육체적으로 그에겐 불가능했다. '세기말의 악마'는 사실상 그를 괴롭히고 있었다. 그는 신을 의지했던 중세 사람들이 부러웠다. 하지만 신을 믿는다는 일은— 신의 사랑을 믿는 일은 도저히 그로선 할 수 없었다. 저 장 콕토마저 믿었던 신을!

* 프랑스 소설가, 대표작 〈육체의 악마〉.

패배

그는 펜 잡은 손을 떨었다. 게다가 침마저 흘렸다. 그의 머리는 0.8그램의 베로날*을 먹고 나서 깨어난 뒤가 아니면 한 번도 맑아진 적이 없었다. 더구나 맑아진 때도 겨우 삼십 분이나 한 시간 정도였다. 그는 다만 어둠 속에서 하루살이처럼 살았다. 말하자면 칼날의 이가 빠진, 가느다란 검을 지팡이로 삼으면서.

* 베로날veronal_ 최면 진정제.

서방 사람*

* 예수 그리스도. 지리 · 문화 상의 구분 개념인 '서양'에 대응하여 '서방'이란 말은 사상·종교적 의미를 강조한다.

네 믿음이 너를 구원하였다.

이 사람을 보라*

나는 십여 년쯤 전부터 예술적으로 기독교를—특히 가톨릭을 사랑하게 되었다. 나가사키에 있는 '일본성모교회'는 아직도 내 기억에 남아 있다. 이런 나는 기타하라 하쿠슈* 씨나 기노시타 모쿠타로* 씨가 뿌린 씨앗을 부지런히 줍는 까마귀에 불과하다. 그리고 또 몇 년 전부터 기독교를 위해 순교한 기독교도들에게 어떤 흥미를 느꼈다. 순교자의 심리는 모든 광신자의 심리처럼 내게 병적일 정도의 커다란 흥미를 주었다. 나는 겨우 이즈음에 와서야 네 명의 전기 작가가 우리에게 전해준 예수라는 사람을 사랑하기 시작했다. 오늘의 나로선 예수를 길 가는 보통사람처럼 볼 수 없다. 그것은 어쩌면 서양인은 물론, 오늘날 청년들에게 비웃음을 사게 되는 일일지도 모른다. 그러나 19세기 말에 태어난

* 니체의 〈이 사람을 보라〉에서 빌린 제목.
* 기타하라 하쿠슈北原白秋 (1885~1942)_ 시인.
* 기노시타 모쿠타로木下도太郎 (1885~1945)_ 시인.

나는, 그들이 이제 보는 데 싫증을 내는— 오히려 쓰러뜨리기를 주저하지 않는 십자가에 관심을 기울이기 시작했다. 일본에서 태어난 '나의 예수'는 반드시 갈릴리 호수를 바라보진 않는다. 붉게 열매 맺은 감나무 아래선 나가사키 항구의 후미도 보인다. 따라서 나는 역사적 사실과 지리적 사실을 돌아보지 않으련다. (그것은 적어도 저널리스틱한 곤란을 피하기 위해서가 아니다. 만약 진지하게 준비한다면 예수전 대여섯 권은 쉽게 제 구실을 하리라.) 그리고 예수의 말과 행동을 하나하나 충실히 열거할 만한 여유도 없다. 나는 다만 내가 느낀 대로 '나의 예수'를 기록하고자 한다. 엄격한 일본의 기독교도도 원고료로 생활하는 가난뱅이가 쓴 예수만은 너그럽게 보아주리라.

마리아

마리아는 다만 평범한 여자였다. 그러나 어느 날 밤 성령을 예감하고 곧 예수를 낳았다. 우리는 모든 여인들에게서 얼마간 마리아를 느낀다. 동시에 모든 남자들에게서도— 아니, 우리는 타오르는 화롯불과 채소밭의 야채, 구운 도자기 병, 바위가 여러 겹 겹쳐져서 의자처럼 걸터앉을 수 있는 곳에서도 얼마간 마리아를 느낀다. 마리아는 '영원한 여성'이 아니다. 다만 '영원히 지키려는 사람'이다.

예수의 어머니, 마리아의 일생도 또한 '눈물의 계곡'을 지나고 있다. 그렇지만 마리아는 줄곧 인내하며 평생을 살았다. 세속적인 지혜와 어리석음과 미덕은 그녀의 일생 안에서 하나가 되어 살아 있다. 니체의 반역은 예수가 아닌 마리아에 대한 반역이었다.

성령

우리는 바람과 깃발에서도 얼마간 성령을 느낀다. 성령은 반드시 '성스러운 것'은 아니다. 그저 '영원히 초월하려는 것'이다. 괴테는 언제나 성령에게 데몬*이란 이름을 부여했다. 게다가 언제나 이 성령에게 붙잡히지 않으려고 경계했다. 그러나 성령의 자식들은— 모든 예수들은 성령에게 언젠가 사로잡힐 위험이 있다. 성령은 악마나 천사가 아니다. 물론 신과도 다르다. 우리는 때때로 선악의 피안에서 성령이 거닐고 있는 모습을 볼 수 있다. 선악의 피안에서— 하지만 롬브로소*는 행인지 불행인지 정신병자의 뇌에서 성령이 걸어가는 모습을 발견했다.

---

* 데몬Daemon_ 신과 인간 사이의 초자연적 존재, 수호신.
* 롬브로소Cesare Lombroso (1836~1909)_ 이탈리아의 정신의학자, 법의학자. 범죄인류학의 창시자.

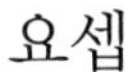

요셉

예수의 아버지, 목수 요셉은 사실은 마리아 자신이었다. 그가 마리아만큼 존경 받지 못함은 이런 사실에서 비롯한다. 요셉은 아무리 호의적으로 봐도 결국은 불필요한 사람 중에서도 최고였다.

엘리사벳

마리아는 엘리사벳의 친구였다. 세례 요한을 낳은 사람은 사가랴의 아내, 엘리사벳이다. 보리 속에서 겨자꽃이 핀 것은 결국 우연이다. 우리 인생을 지배하는 힘은 또한 거기에서도 움직인다.

양치기들

마리아가 성령의 힘으로 임신한 일은 양치기들을 술렁이게 할 정도로 확실히 스캔들이었다. 예수의 어머니, 아름다운 마리아는 이때부터 인간고人間苦의 길로 들어섰다.

동방박사들

동쪽 나라의 박사들은 예수의 별이 나타난 것을 보고 황금과 유향과 몰약을 보배함에 넣어 바치러 갔다. 그러나 그들은 박사들 중에서도 겨우 두세 명이었다. 다른 박사들은 예수의 별이 나타난 사실을 알지 못했다. 뿐만 아니라 그 사실을 안 박사들 중의 한 명은 높은 누각 위에 올라서서 (그는 누구보다도 연장자였다.) 찬란하게 빛나는 별을 올려다보며 머나먼 곳의 예수를 불쌍히 여겼다.

"또다시 나타났단 말인가!

헤롯

헤롯은 어떤 커다란 기계였다. 이런 기계는 폭력을 사용함으로써 얼마큼 수고를 줄이기 위해 언제나 우리에게 필요하다. 그는 예수를 두려워했기 때문에 베들레헴의 어린 아기들을 모두 죽였다. 물론 예수 이외의 예수도 그 중에 섞여 있었으리라. 헤롯의 양손은 그들의 피로 새빨갛게 물들었을지도 모른다. 우리는 틀림없이 이 양손 앞에서 불쾌함을 느낄 것이다. 그러나 그것은 몇 세기 전의 기요틴(단두대)에 대한 불쾌감이다. 우리는 헤롯을 증오함은 말할 것도 없이 경멸할 수도 없다. 아니, 오히려 그를 위해 연민을 느낄 뿐이다. 헤롯은 언제나 옥좌 위에서 우울한 얼굴을 똑바로 한 채 감람나무와 무화과로 둘러싸인 베들레헴을 내려다보고 있다. 시 한 편 남긴 일도 없이…….

보헤미안적 정신

어린 예수는 이집트에 가기도 했고 다시 '갈릴리 지방으로 피해 가서 나사렛이라는 동네'에 머물기도 했다. 우리는 이런 어린아이를 사세보佐世保나 요코스카横須賀로 전임하는 해군 장교의 가정에서도 찾아볼 수 있다. 예수의 보헤미안적 정신은 그 자신의 성격보다 그러한 환경에도 숨겨져 있을지 모른다.

아버지

예수는 나사렛에 살면서 요셉의 아들이 아님을 알았으리라. 또는 성령의 아들이란 사실을— 그러나 후자는 전자보다 결코 중요한 사건은 아니다. '사람의 아들' 예수는 이때부터 바야흐로 두 번째 탄생을 맞았다. '하녀의 아들' 스트린드베리는 먼저 그의 가족에게 반역했다. 그것은 그의 불행이면서 또한 그의 행복이었다. 예수도 틀림없이 이와 같았으리라. 그는 이러한 고독 속에서 행복하게도 그보다 먼저 태어난 예수— 세례 요한을 만났다. 우리는 우리 자신 속에서도 요한을 만나기 전 예수의 마음에 드리워진 그늘을 느끼고 있다. 요한은 석청과 메뚜기를 먹으며 황야에서 살았다. 그러나 그가 살았던 황야는 반드시 햇빛이 없었던 것은 아니었다. 적어도 예수 자신의 마음속에 있었던 어두운 황야와 견준다면…….

요한

세례 요한은 낭만주의를 이해하지 못한 예수였다. 그의 위엄은 지금도 무쇠처럼 자랑스럽게 남아 있다. 그가 예수보다 못한 점도 바로 그 사실 때문이리라. 예수에게 세례를 준 요한은 떡갈나무처럼 억세었다. 하지만 감옥에 들어간 요한은 이젠 가지와 잎에 넘쳐흐르던 힘을 잃어버렸다. 그의 최후의 통곡은 예수의 최후의 통곡처럼 언제나 우리 마음을 뒤흔든다.

"그리스도는 너였느냐, 나였느냐?"

요한의 최후의 통곡은— 아니, 반드시 통곡만은 아니다. 굵은 떡갈나무는 말라가긴 하지만 아직도 겉보기엔 가지를 뻗고 있다. 만약 이 기력조차 없었다면 스물 몇 살의 예수는 결코 이렇게 말하지 않았으리라.

"내가 지금 하고 있는 일을 요한에게 들려주도록 해라."

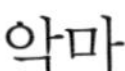

악마

예수는 사십 일 단식을 마친 후 눈앞에 악마와 문답했다. 우리도 악마와 문답하기 위해선 얼마간 단식이 필요하다. 우리들 중의 어떤 사람은 이 문답 중에 악마의 유혹에 빠지리라. 또 어떤 사람은 유혹을 이겨내고 자기 자신을 지키리라. 그러나 우리는 일생을 통해 악마와 문답을 하지 않을 수도 있다. 예수는 먼저 빵을 물리쳤다. 하지만 '빵만으로 살 수 없다'는 주석을 다는 일도 잊지 않았다. 그리고 그 자신의 힘을 의지하라는 악마의 이상주의자적인 충고를 물리쳤다. 그러나 또 '주 너의 하나님을 시험하지 말라'는 변증법을 준비해두고 있었다. 마지막으로 '천하만국과 그 영광'을 물리쳤다. 그렇지만 빵을 물리친 일은 현실적 욕망을 물리친 것에 불과하다. 예수는 세 번째 대답에서 우리 자신 속에 멈춰지지 않는 모든 지상의 꿈을 물리쳤다. 이 논리 이상의 논리적 결투는 예수의 승리임이 틀림없었다. 야곱이 천사와 씨름한 것도 바로 이런 결투였으리라. 악마는 결국 예수 앞에 고개를 숙였다. 그러나 그가 마리아라는 여인의 아들임을 잊지 않았다. 이 악마와 주고받은 문답은 어느새 중대한 의미가 주어졌다. 그렇지만 예수의 일생에서 반드시 대사건이라고 할 수 없다. 그는 그의 일생 중에 몇 번이나 '사탄아, 물러가라'고 말했다. 실제로 그의 전기 작자의 한 사람— 누가는 이 사건을 기록한 뒤 '마귀가 모든 시험을 다한 후에 얼마 동안 떠나니라'고 덧붙였다.

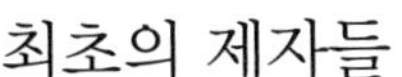

최초의 제자들

예수는 겨우 열두 살 때 그의 천재성을 보여주었다. 그러나 세례를 받은 뒤에도 아무도 제자가 되려는 사람이 없었다. 마을에서 마을로 돌아다니던 그는 어쩌면 외로움을 느꼈으리라. 그렇지만 드디어 네 명의 제자들은— 게다가 네 명의 어부들은 그의 좌우에서 따르게 되었다. 그들에 대한 예수의 사랑은 그의 한평생 동안 변하지 않았다. 그는 그들에게 둘러싸여 어느새 날카로운 변설을 가진 고대의 저널리스트가 되어 갔다.

성령의 아들

예수는 고대의 저널리스트가 되었다. 동시에 또한 고대의 보헤미안이 되었다. 그의 천재성은 줄곧 비약했고 그의 생활은 한 시대의 사회적 약속을 짓밟았다. 그를 이해하지 못하는 제자들 속에서 이따금 히스테리를 일으키면서. 그러나 그것은 그 자신에겐 대체로 환희로 가득 차 있었다. 예수는 자신의 시 속에서 얼마나 정열을 느꼈을까. '산상복음'은 스물 몇 살 때 그의 감격에 넘친 산물이었다. 그는 어떤 선인先人도 자기에게 미치지 못함을 느꼈다. 이 바다처럼 고조된 그의 천재적인 저널리즘은 물론 적을 불러들였으리라. 하지만 그들은 예수를 두려워했다. 그것은 실로 그들에겐— 예수보다도 인생을 잘 알며 따라서 또한 인생에 대한 공포를 간직한 그들로선 이 천재의 생각을 이해할 수 없었기 때문이다.

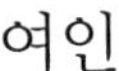

여인

많은 여인들은 예수를 사랑했다. 그 중에서 막달라 마리아는 한 번 그를 만났기 때문에 일곱 악귀에게 시달리게 될 것을 잊고, 그녀의 직업을 초월한 시적인 연애마저 느꼈다. 예수의 생명이 다한 뒤 그녀가 맨 처음으로 그를 본 것은 이런 연애의 힘이었다. 예수도 또한 많은 여인들을— 그 중에서 막달라 마리아를 사랑했다. 그들의 시적인 연애는 지금도 제비붓꽃처럼 향긋하다. 예수는 자주 그녀를 보는 데서 그의 외로움을 위로 받았으리라. 후대는— 또는 후대의 남자들은 그들의 시적인 연애에 냉담했다.(다만 예술적인 주제를 제외하고) 그러나 후대의 여인들은 언제나 이 마리아를 질투했다.

“어째서 예수님은 누구보다도 먼저 어머니 마리아님에게 부활을 보이시지 않았을까?”

그것은 그녀들이 흘려온 가장 위선적인 탄식이었다.

기적

예수는 때때로 기적을 행했다. 그러나 그것은 그 자신에겐 하나의 비유를 만드는 일보다 쉬웠다. 그는 이 때문에 기적을 혐오하는 감정을 품었다. 예수가 사명을 느꼈던 일은 그의 길을 가르치는 것이었다. 그가 기적을 행한 일은 나중에 루소가 울부짖었듯이, 그의 길을 가르치는 데 불편을 주었음이 틀림없었다. 그렇지만 그의 '어린 양들'은 언제나 기적을 원했었다. 예수도 또한 세 번에 한 번은 이 소원을 들어주었다. 그의 인간적인, 너무나 인간적인 성격은 이런 일면에도 나타났다. 하지만 예수는 기적을 행할 때마다 반드시 책임을 회피했다.

"네 믿음이 너를 구원하였다."

그러나 그것은 동시에 과학적인 진리임이 틀림없었다. 예수는 또 어떤 때엔 어쩔 수 없이 기적을 행한 탓으로— 오랫동안 병에 시달린 어느 여자가 그의 옷을 만졌기 때문에 그 자신의 힘이 빠지는 것을 느꼈다. 그가 기적을 행하는 일에 늘 얼마간 망

설였던 점은 이러한 실감으로써도 분명하다. 예수는 후대의 기독교도는 물론 그의 열두 제자들보다도 훨씬 날카로운 이지주의자였다.

배덕자

예수의 어머니, 아름다운 마리아는 예수에겐 반드시 어머니는 아니었다. 그가 가장 사랑한 사람은 그의 길을 따르는 사람이었다. 예수는 정열에 불타면서, 수많은 사람들이 모인 앞에서 대담하게도 이러한 그의 심정을 말하는 것조차 꺼리지 않았다. 마리아는 틀림없이 문 밖에서 그의 말을 들으며 쓸쓸하게 서 있었으리라. 우리는 우리 자신 속에 마리아의 고통을 느낀다. 예를 들어 우리 자신 속에 예수의 정열을 느낀다고 해도— 그러나 예수 자신도 또한 이따금 마리아를 동정했으리라. 빛나는 천국의 문을 보지 않고 예루살렘을 있는 그대로 바라보고 있을 때엔…….

기독교도

기독교는 예수 자신도 실행할 수 없었던 역설이 많은 시적인 종교다. 그는 그의 천재성 때문에 인생마저 웃으며 내던져버렸다. 오스카 와일드가 그에게서 낭만주의의 제일인자를 발견한 것은 당연했다. 그의 가르침에 따르면 '솔로몬의 모든 영광으로도 입은 것*'은 바람에 날리는 백합꽃 한 송이보다 못했었다. 그의 길은 다만 시적인— 내일 일을 염려하지 말고 생활하라는 가르침에 있다. 무엇을 위하여? 그것은 물론 유대인들이 천국에 들어가기 위해서임이 틀림없었다. 그러나 어떠한 천국도 세상에 널리 알려지지 않고선 들어갈 방도가 없다. 비누냄새 나는 장미꽃으로 가득한 기독교의 천국은 어느새 공중으로 사라져버렸다. 하지만 우리는 그 대신 천국 몇 개를 만들어냈다. 예수는 우리에게 천국에 대한 실망을 불러일으켰던 제일

* 마태복음 6:29

인자였다. 더욱이 그의 역설은 후대의 무수한 신학자와 신비주의자를 만들어냈다. 그들의 의논은 예수를 어리둥절하게 했으리라. 그렇지만 그들 중의 어떤 사람은 예수보다 더욱 기독교적이었다. 예수는 어쨌든 우리에게 현세 저편에 있는 것을 가리킨다. 우리는 언제나 예수 속에서 우리가 찾는 것을—우리를 영원의 길로 들어가게 하는 나팔소리를 느낀다. 동시에 언제나 예수 속에서 우리를 끊임없이 책망하는 것을— 근대가 겨우 표현한 세계의 고통을 느끼지 않을 수 없다.

저널리스트

우리는 그저 우리 자신에 가까운 것 이외엔 볼 수 없다. 적어도 우리에게 닥쳐오는 것은 우리 자신에 가까운 것뿐이다. 예수는 모든 저널리스트처럼 이 사실을 직관으로 알고 있었다. 신부, 포도원, 당나귀, 직공— 그의 가르침은 눈앞에 있는 것을 한 번도 이용하지 않은 적이 없다. '선한 사마리아인'과 '돌아온 탕자'는 이러한 그의 걸작시다. 추상적인 말만 사용하는 후대의 기독교적 저널리스트— 목사들은 한 번도 이 예수의 저널리즘 효과를 생각해 보지 않았던 듯싶다. 그는 그들과 비교하면 물론 후대의 예수들과 비교해도 결코 손색없는 저널리스트다. 그의 저널리즘은 그 때문에 서양 고전과 어깨를 나란히 한다. 그는 실로 낡은 불길에 새 장작을 더하는 저널리스트였다.

여호와

예수가 자주 설교했던 것은 물론 천상의 신이다. '우리를 창조한 것은 신이 아니고 신이야말로 우리가 창조한 것이다.' 이렇게 말한 유물주의자 구르몽*의 말은 우리 마음을 기쁘게 하리라. 그것은 우리 허리에 드리워진 쇠사슬을 풀어주는 말이다. 그러나 동시에 또한 우리 허리에 새로운 쇠사슬을 더하는 말이다. 그밖에 이 새로운 쇠사슬은 낡은 쇠사슬보다도 강한 것인지도 모른다. 신은 커다란 구름 속에서 작은 신경계통 속으로 내려왔다. 게다가 모든 이름의 근원에도 또한 자리한다. 예수는 물론 눈앞에서 자주 신을 보았으리라. (신을 만나지 않았던 예수가 악마를 만난 일은 생각할 수 없다.) 그의 신도 또한 모든 신처럼 사회적 색채가 강하다. 그러나 어쨌든 우리와 함께 태어난 '주이신 하나님'이었음이 틀림없다. 예수는 이 신을 위해— 시

* 구르몽Remy de Gourmont (1858~1015)_ 프랑스의 비평가, 시인.

적 정의詩的正義를 위해 싸워 왔다. 모든 그의 역설은 거기에서 시작한다. 후대의 신학은 그 역설들을 시 이외의 해석을 하려고 했다. 그리고— 누구도 읽은 적이 없는, 지루하기 짝이 없는 무수한 책을 남겼다. 볼테르*는 오늘날엔 우스울 정도로 '신학'의 신을 죽이기 위해 그의 검을 휘두른다. 그러나 '주이신 하나님'은 죽지 않았다. 동시에 예수도 죽지 않았다. 신은 콘크리트 벽에 이끼가 나는 한 언제나 우리 위에 임하리라. 단테는 프란체스카를 지옥에 떨어뜨렸다. 그렇지만 어느새 이 여인을 지옥의 불꽃에서 구하였다. 한 번이라도 후회되는 일은— 아름다운 한순간을 가진 일은 언제나 '영원한 생명'에 들어 있다. 감상주의의 신이라고 불리기 쉬운 점도 어쩌면 이런 사실 때문이리라.

* 볼테르Voltaire (1694~1778)_ 프랑스 계몽사상가, 소설가.

고향

'예언자는 고향에선 받아들여지지 않는다.' 그것은 어쩌면 예수에겐 첫 번째 십자가였을지도 모른다. 그는 마침내 전 유대를 고향으로 삼아야만 했다. 물론 모든 예수는 고향에서 받아들여지지 않았다. 실제로 포*를 받아들인 것은 미국이 아니고 프랑스였다.

* 에드가 알렌 포Edgar Allan Poe (1809~1849)_ 미국 소설가. 시인.

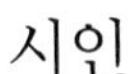

시인

예수는 백합꽃 한 송이를 '솔로몬의 모든 영광으로도 입은 것'보다도 더욱 아름답다고 느끼고 있었다. (당연히 그의 제자들 중에서도 그만큼 백합꽃의 아름다움에 황홀해하는 사람은 없었으리라.) 그러나 제자들과 이야기를 할 때엔 대화상의 예절을 깨뜨려도, 야만스러운 일을 말함에 주저하지 않았다. '무엇이든지 밖에서 들어가는 것이 능히 사람을 더럽게 하지 못함을 알지 못하느냐. 이는 마음에 들어가지 아니하고 배에 들어가 뒤로 나감이니라 하심으로 모든 음식물을 깨끗하다 하셨느니라…….' *

---

* 마가복음 7:18

나사로

예수는 나사로의 죽음을 들었을 때 지금껏 없었던 눈물을— 또는 지금껏 보여주지 않았던 눈물을 보였다. 나사로가 죽음에서 다시 살아난 것은 이런 그의 감상주의 때문이다. 어머니 마리아를 돌보지 않았던 그는 어째서 나사로의 자매들— 마르다와 마리아 앞에서 눈물을 흘렸었을까? 이 모순을 이해하는 사람은 예수의— 또는 모든 예수의 천재적인 이기주의를 이해하는 사람이다.

가나의 향연

예수는 여인을 사랑했지만 여인과 관계 맺지는 않았다. 그것은 마호메트가 네 명의 여인들과 관계하는 일을 허용한 것과 다를 바 없다. 그들은 모두 한 시대를— 또는 사회를 초월할 수 없었다. 그러나 거기엔 무엇보다 자유를 사랑하는 그의 마음도 작용했음이 확실하다. 후대의 초인은 개들 속에서 가면 쓰는 일이 필요했다. 하지만 예수는 가면 쓰는 일도 부자유 중의 하나로 열거했다. 이른바 '화롯가의 행복'이란 거짓말은 물론 그에겐 확실했으리라. 미국의 예수— 휘트먼*은 또한 이 자유를 선택한 한 사람이었다. 우리는 그의 시에서 자주 예수를 느낀다. 예수는 아직도 크게 웃으면서 춤추는 아이와 꽃다발과 악기로 넘치는 가나의 향연을 내려다보고 있다. 그렇지만 물론 그 대신 거기엔 그가 속죄해야만 하는 쓸쓸함이 얼마간 있었으리라.

* 휘트먼Walt Whitman (1819~1892)_ 시인.

하늘에 가까운 산상 문답

예수는 높은 산위에서 그보다 앞서 태어났던 예수들— 모세와 엘리야와 함께 대화했다. 그것은 악마와 싸운 일보다 더욱 의미 깊은 사건이었다. 그는 며칠 전 제자들에게 자신이 예루살렘으로 가서 십자가에 못 박히게 될 것을 예언했었다. 그가 모세와 엘리야를 만난 일은 그가 어떤 정신적 위기에 서 있었다는 증거였다. 그는 '그 얼굴이 해처럼 빛나며 옷이 빛처럼 희어졌던' 것도 반드시 두 명의 예수들이 그의 앞에 내려왔었기 때문만은 아니다. 그는 그의 일생 중에서도 이때가 가장 엄숙했었다. 그의 전기 작가는 그들 사이의 문답을 기록으로 남기지 않았다. 그러나 그가 던진 질문은 '우리는 어떻게 살아야만 하는가?'였다. 예수의 일생은 짧았다. 하지만 그는 이때에— 겨우 삼십에 이르렀을 때 그의 일생을 총결산해야만 하는 고통을 겪었다. 모세는 나폴레옹의 말마따나 전략에 뛰어난 장군이었다. 엘리야도 또한 예수보다도 정치적인 천재였었다. 그밖에도 오늘은 어제가 아니었다. 오늘날은 이제 홍해 물결을 가르지도 불수레가 천상에서 내려오지도 않는다. 예수는 그들과 문답을 하면서 드디어 그가 보기에도 괴로운 죽음에 가까웠음을 느꼈다. 하늘에 가까운 산 위엔 얼음처럼 맑은 햇빛 속에 바위들이 우뚝 솟아있을 뿐이었다. 그러나 깊은 계곡의 밑바닥엔 석류와 무화과 향기가 풍기고 있으리라. 그곳엔 또한 집집마다 연기가 희미하게 오르고 있었을지 모른다. 예수는 또한 어쩌면 이러한 지상의 인생에게 정겨움을 느꼈으리라. 그렇지만 그의 길은 싫든 좋든 인간다움이 없는 하늘을 향했다. 그의 탄생을 알린 별은— 또는 그를 낳은 정령은 그에게 평화를 주려고 하지 않았다. '그들이(베드로, 야곱, 그의 형제 요한) 산에서 내려올 때 예수께서 명하여 이르시되 인자가 죽은 자 가운데서 살아나기 전에는 본 것을 아무에게도 이르지 말라 하시니'— 하늘에 가까운 산 위에서 예수는 그보다 앞서간 '위대한 사자死者들'과 이야기한 일은 사실 그의 일기에만 살짝 남겨 두고 싶다고 생각했으리라.

어린아이처럼

예수가 가르쳤던 역설의 하나는 '진실로 너희에게 이르노니 너희가 돌이켜 어린아이들처럼 되지 아니하면 결단코 천국에 들어가지 못하리라'였다. 이 말은 조금도 감상주의적이지 않다. 예수는 이 말 속에 그 자신이 누구보다도 어린아이와 비슷함을 보여준다. 동시에 정령의 아이인 그 자신의 처지를 분명히 한다. 괴테는 그의 희곡 '타소*'에서 또한 정령의 아이였던 그 자신의 고통을 노래했다. '어린아이들처럼 되는 것'은 유치원 시대로 돌아감을 말한다. 예수의 말에 따르면, 누군가의 보호를 받지 않으면 인생을 참고 견디기 힘든 사람 외에는 황금의 문으로 들어갈 수 없다. 그곳엔 세속적인 지혜에 대한 그의 경멸도 숨어 있다. 그의 제자들은 솔직하게 (어린아이를 앞세운 예수의 의도가 우리에게 불쾌감을 주는 것은 후대의 위선적인 감상주의 때문이다.) 그의 앞에 선 어린아이에게 놀라지 않을 수 없었다.

* 괴테의 희곡 작품, 토르크바토 타소Torquato Tasso를 말함.

예루살렘으로

예수는 한 시대의 예언자가 되었다. 동시에 그 자신 속의 예언자는— 또는 그를 낳은 성령은 자연히 그를 농락하였다. 우리는 촛불에 타 죽는 모기에서도 그를 느낀다. 모기는 다만 한 마리 모기로 태어났기 때문에 촛불에 타들어 간다. 예수도 또한 모기와 다를 바 없다. 버나드 쇼는 십자가에 못 박히기 위해 예루살렘으로 갔던 예수에게 천둥 같은 냉소를 보냈다. 그러나 예수는 예루살렘으로 당나귀를 타고 들어가기 전부터 그의 십자가를 짊어지고 있었다. 그것은 그로선 어떻게 할 수 없는 일종의 운명이었다. 그는 거기에서도 천재였었던 동시에 또한 결국 '사람의 아들'이었다. 그밖에 이 사실은 수세기에 걸쳤던 '메시아'라는 말이 예수를 지배했음을 가르쳐준다. 나뭇가지를 깔아놓은 길 위에 '호산나여, 호산나여'라는 소리를 들으며 당나귀를 몰고 간 예수는 그 자신이었던 동시에 모든 이스라엘의 예언자들이었다. 그로부터

나중에 태어난 예수의 한 사람은 머나먼 로마의 길 위에 나타난 예수에게 '어디로 가느냐?' 하고 책망을 들었다고 한다. 예수도 또한 예루살렘으로 가지 않았다고 한다면 또한 누군가 예언자들 중의 한 명에게 '어디로 가느냐?' 하고 책망을 들었으리라.

예루살렘

예수는 예루살렘으로 들어간 뒤 그의 마지막 싸움을 했다. 그것은 광채를 잃어버리긴 하였으나 무언가 격렬함으로 가득 차 있었다. 그는 길가에 무화과나무를 저주했다. 그 이유는 무화과나무가 그의 기대를 배신하여 열매 한 개도 맺지 않았기 때문이었다. 만물을 사랑하는 그도 여기선 반쯤 히스테릭하게 그의 파괴력을 휘둘렀다.

"가이사의 것은 가이사에게 돌려주라."

그것은 이미 정열에 불탔던 청년 예수의 말이 아니었다. 그에게 복수하기 시작한 인생에 대해 (그는 물론 인생보다도 천국을 중요하게 여긴 시인이었다.) 늙어버린 어른의 말이었다. 거기에 숨어 있는 것은 반드시 그의 세속적인 지혜만은 아니다. 그는 모세의 옛날부터 조금도 변하지 않는 인간의 어리석음에 진저리를 떨었으리라. 그러나 그의 초조함은 그에게 야훼의 '성전에 들어가서 성전 안에서 매매하는 모든 사람들을 내쫓으시며, 돈 바꾸는 사람들의 상床과 비둘기 파는 사람들의 의자'를 들어 엎게 했다.

"이 성전도 머지않아 무너지리라."

어떤 여인은 이렇게 말하는 그를 위해 그의 머리에 향유를 부었다. 예수는 그의 제자들에게 이 여인을 괴롭히지 말라고 명했다. 그리고— 십자가와 마주한 예수의 심정은 그를 이해 못하는 그들에 대한 온화한 말 속에 깃들어 있었다. 그는 향유 향기를 풍기며, (그것은 흙먼지를 뒤집어쓰기 일쑤인 그에겐 드문 사건 중의 하나임이 분명했다.) 조용히 그들에게 말했다.

"이 여자가 내 몸에 향유를 부은 것은 내 장례를 위함이니라. 가난한 자들은 항상 너희와 함께 있거니와 나는 항상 함께 있지 아니하리라."

겟세마네의 감람나무는 골고다의 십자가보다 비장했다. 예수는 사력을 다해 그곳에서 그 자신과도— 그 자신 속의 정령과도 싸우려 했다. 골고다의 십자가는 그의 위에 차츰 그림자를 드리웠다. 그는 이 사실을 잘 알았다. 그러나 그의 제자들은— 베드로마저 그의 심정을 이해할 수 없었다.

예수의 기도는 오늘날에도 우리를 다그치는 힘이 있다.

"내 아버지여, 만일 할 만하시거든 이 잔을 내게서 지나가게 하옵소서. 그러나 나의 원대로 마시옵고 아버지의 원대로 하옵소서."

모든 예수는 인기척 없는 한밤중에 반드시 이렇게 기도한다. 동시에 모든 예수의 제자들은 '괴로워서 죽을 듯한' 그의 심정을 이해하지 못하고 감람나무 밑에서 잠자고 있다…….

유다

후세는 어느새 유다에게도 악의 후광을 빛나게 한다. 그러나 유다는 반드시 열두 제자들 중에서도 특히 나빴던 것은 아니었다. 베드로마저 닭이 울기 전에 세 번 예수를 모른다고 말했었다. 유다가 예수를 팔았던 일은 또한 오늘날 정치가들이 그들의 우두머리를 파는 것과 다르지 않았다. 파피니*도 유다가 예수를 팔았던 일을 커다란 수수께끼로 생각했다. 하지만 예수는 확실히 누구에게라도 배신당할 위기에 서 있었다. 제사장들은 유다 외에도 몇 명인가의 유다를 헤아리고 있었으리라. 다만 유다는 이 도구가 되는 여러 가지 조건을 갖추고 있었다. 물론 그러한 조건 말고 우연도 있었으리라. 후대는 예수를 '신의 아들'로 만들었다. 그것은 동시에 유다 자신 속에서 악마를 발견하는 일이었다. 그렇지만 유다는 예수를 팔고 난 뒤 백양목에 목을

* 파피니Giovanni Papini (1881~1956)_ 이탈리아의 소설가, 평론가.

매어 죽고 말았다. 그가 예수의 제자였음은— 신의 목소리를 들었던 사람이었음은 어쩌면 그러한 사실에서도 엿볼 수 있다. 유다는 누구보다도 그 자신을 증오했다. 십자가에 매달린 예수는 물론 그를 비난했으리라. 그러나 그를 이용한 제사장의 냉소도 역시 예수를 분노하게 하였으리라.

"네가 하고 싶은 일을 이루도록 하라."

이렇게 유다에게 말한 예수의 말은 경멸과 연민으로 넘친다. '사람의 아들', 예수는 그 자신 속에서도 어쩌면 유다를 느꼈을지도 모른다. 하지만 유다는 불행하게도 예수의 아이러니를 이해하지 못했다.

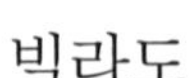

빌라도는 예수의 일생에서 다만 우연히 나타난 사람이었다. 그는 결국 대명사에 불과하다. 후대도 또한 이 관리에게 전설적인 색채를 준다. 그러나 아나톨 프랑스만은 이런 색채에 속지 않았다.

예수보다는 바라바를

예수보다는 바라바를— 그것은 오늘날에도 똑같다. 바라바는 반역을 기도했었다. 동시에 사람을 죽였다. 그러나 그들은 스스로 그의 소행을 이해하고 있었다. 니체는 후대의 바라바들을 길거리의 개에 비유하기도 했다. 그들은 물론 바라바의 소행에 증오와 분노를 느꼈으리라. 하지만 예수의 소행엔— 아마 아무것도 느끼지 못했으리라. 만약 뭔가 느꼈다고 한다면, 그것은 그들이 사회적으로 느끼지 않으면 안 된다고 생각한 것이리라. 그들의 정신적인 노예들은— 육체만 건장한 군인들은 예수에게 가시면류관을 씌우고 자색 옷을 입혀서, “유대의 왕이여 평안하라.” 하고 외쳤다. 예수의 비극은 이런 희극 속에 놓인 것만으로도 참담했다. 예수는 확실히 정신적으로 유대의 왕이었다. 그러나 천재를 믿지 않는 개들은— 아니, 천재를 발견하는 일은 손쉽다고 믿는 개들은 유대의 왕이란 이름으로 진짜 유대의 왕을 비웃는다. ‘관원이 이상하게 여길 정도로 예수는 한마디도 대답하지 않았다.' 예수의 전기 작가가 기록한 대로 그들의 신문과 조소엔 아무것도 대답하지 않았으리라. 그밖에 어떤 대답도 할 수 없었음이 확실하다. 그렇지만 바라바는 머리를 들어 무엇이든 확실히 대답했으리라. 바라바는 다만 그의 적에게 반역했다. 그러나 예수는 그 자신에게— 그 자신 속의 마리아에게 반역을 했다. 그것은 바라바의 반역보다도 더욱 근본적인 반역이었다. 동시에 또한 '인간적인, 너무나 인간적인' 반역이었다.

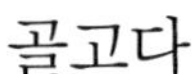

골고다

십자가 위에 예수는 결국 '사람의 아들'이었다.

"나의 하나님, 나의 하나님, 어찌하여 나를 버리셨나이까?"

물론 영웅숭배자들은 그의 말을 냉소하리라. 하물며 성령의 아이들이 아닌 자들은 다만 그의 말에서 '자업자득'을 찾아낼 뿐이다. '엘리 엘리 라마 사박다니'는 사실상 예수의 비명이다. 그러나 예수는 그 비명 때문에 한결 우리에게 다가왔다. 그밖에도 그의 일생의 비극을 한층 현실적으로 가르쳐 준다.

피에타

예수의 어머니, 늙은 마리아는 예수의 시체 앞에서 슬퍼한다. 이런 그림이 피에타라고 불리는 것은 반드시 감상주의적이라고 말할 수 없다. 다만 피에타*를 그리려는 화가들은 마리아 한 명만을 그려야만 한다.

* 이탈리아어로 '자비를 베푸소서'라는 뜻.

예수의 친구들

예수는 열두 명의 제자들이 있었다. 그러나 한 명의 친구도 없었다. 만약 한 명이라도 있었다면 그것은 아리마대의 요셉이다. '날이 저물었을 때 존귀한 의원 아리마대의 요셉이라 하는 사람이 왔다. 이 사람은 하나님의 나라를 구하는 사람이었다. 그는 주저하지 않고 빌라도에게 가서 예수의 시체를 달라고 했다.' 마태보다 오래됐다고 전해지는 마가는 그의 예수 전기에서 이런 의미심장한 한 구절을 남겼다. 이 한 구절은 예수의 제자들을 '그를 따르며 섬기던 자들'이라는 말과 자못 분위기가 다르다. 요셉은 아마 예수보다도 더욱 세속적인 지혜가 많았던 예수였으리라. 그는 '주저하지 않고 빌라도에게 가서 예수의 시체를 달라고 했다'는 사실은 예수를 동정하는 그의 마음이 얼마나 깊었는지 보여준다. 교양을 쌓은 의원 요셉은 이때엔 정직함 그 자체였다. 후대는 빌라도와 유다보다도 훨씬 그에게 냉담했다. 하지만 그는 열두 명의 제자들보다도 어쩌면 예수를 잘 알았으리라. 요한의 목을 접시에 올려놓은 사람은 잔혹하게도 아름다운 살로메였다. 그렇지만 예수가 죽은 뒤 그를 장사 지내는 사람들 중에 아리마대의 요셉이 있었다. 그는 거기에서 요한보다도 조금은 나은 행복을 발견했으리라. 요셉도 의원이 되지 않았다면— 그것은 모든 '만약…… 이라면'처럼 결국 묻지 않아도 좋은 말일지도 모른다. 그러나 그는 무화과나무 아래서 상감象嵌한 잔을 앞에 놓고 이따금 그의 친구인 예수를 추억했으리라.

부활

르낭*은 예수의 부활을 본 것은 막달라 마리아의 상상력 때문이라고 했다. 상상력 때문에— 그러나 그녀의 상상력에 비약을 준 것은 예수였다. 자신의 아이를 잃은 어머니는 자주 아이의 부활을— 아이가 무언가로 다시 태어난 것을 보았다. 아이는 때론 영주領主가 되기도 하고 때론 연못의 오리가 되기도 하고 때론 연꽃이 되기도 했다. 그렇지만 예수는 마리아 외에도 사후의 그 자신을 보여주었다. 이 사실은 예수를 사랑한 사람들이 얼마나 많았는지 말해준다. 그는 삼 일 뒤에 부활했다. 그렇지만 육체를 잃어버린 그가 세계를 움직이는 일은 더욱 긴 세월이 필요했다. 그 일을 위해서 가장 영향력이 있는 사람은 예수의 천재성을 전신으로 느낀 저널리스트 바울이었다. 예수를 십자가에 매달았던 그들은 몇 세기가 흐르자 셰익스피어가 부활을 인정했듯이 예수의 부활을 인정했다. 하지만 사후에

* 르낭Joseph-Ernest Renan (1823-1892)_ 프랑스 종교사가.

예수가 널리 전해지는 것은 오랜 세월이 걸렸다. 모든 것을 지배하는 유행은 또한 예수도 지배했다. 클라라*가 사랑했던 예수는 파스칼이 존경했던 예수와 다르다. 그러나 예수가 부활한 뒤, 개들이 그를 우상으로 삼는 일은— 그 예수의 이름 아래 횡포를 휘두르는 일은 변하지 않았다. 예수 이후에 태어난 예수들이 그의 적이 된 것은 이 때문이었다. 하지만 그들도 똑같이 다메섹을 향하는 길 위에서 반드시 그들의 적 속에 성령을 보지 않을 수 없었다.

"사울아, 사울아 네가 어찌하여 나를 박해하느냐 가시채찍을 뒷발질하기가 네게 고생이니라."

우리는 다만 망망한 인생 속에 서 있다. 우리에게 평화를 주는 것은 잠밖에 없다. 모든 자연주의자는 외과의처럼 잔혹하게 이 사실을 해부한다. 그러나 성령의 아이들은 언제나 이런 인생 위에 무언가 아름다운 것을 남기고 갔다. 무언가 '영원히 초월하려 하는 것'을.

* 클라라Clara (1194~1253)_ 가톨릭 성녀.

예수의 일생

물론 예수의 일생은 모든 천재의 경우처럼 정열에 불탔던 생애였다. 그는 어머니 마리아보다도 아버지 성령의 지배를 받았다. 그의 십자가 위에 비극은 실로 그 점에 있었다. 그보다 나중에 태어난 예수들 중의 한 명— 괴테는 '천천히 늙기보단 빨리 지옥에 가고 싶다.'고 바라기도 했다. 그러나 천천히 늙어간 뒤에 스트린드베리가 말한 것처럼 만년에는 신비주의자가 되기도 했다. 성령은 이 시인 안에서 마리아와 균형을 이루며 살았다. 그의 '위대한 이교도'란 명성은 반드시 틀린 말은 아니다. 그는 사실 인생에선 예수보다도 더욱 포용력이 있었다. 하물며 다른 예수들보다도 포용력이 있었음은 물론이었다. 그의 탄생을 알리는 별은 예수의 탄생을 알리는 별보다도 더욱 빛나고 있었으리라. 하지만 우리가 괴테를 사랑하는 까닭은 그가 마리아의 아이였기 때문이 아니다. 마리아의 아이들은 보리밭 속 긴 의자 위에 넘쳐난다. 아니 병영兵營과

공장과 감옥에도 많으리라. 우리가 괴테를 사랑하는 이유는 다만 그가 성령의 아이였기 때문이다. 우리는 우리의 일생에서 언젠가 예수와 함께 있으리라. 괴테도 또한 그의 시에서 때때로 예수의 수염을 뽑아내고 있다. 예수의 일생은 비참했다. 그러나 그보다 나중에 태어난 성령의 아이들의 일생을 상징한다. (괴테마저도 사실 이 예에서 벗어나지 않는다.) 기독교는 어쩌면 멸망하리라. 적어도 끊임없이 변화하고 있다. 그렇지만 예수의 일생은 언제나 우리를 움직이리라. 그것은 지상에서 천상으로 오르기 위해 무참히 부서진 사다리다. 어두운 하늘에서 억수같이 쏟아지는 비 속에 기울진 채…….

동방 사람

니체는 종교를 '위생학'이라고 불렀다. 그것은 종교뿐만이 아니다. 도덕과 경제도 '위생학'이다. 그것들은 우리에게 자연히 죽을 때까지 건강을 유지하게 하리라. '동방 사람'은 이 '위생학'을 대부분 열반 위에 세우려 했다. 노자는 때론 무소유의 경지에서 부처와 인사를 했다. 그러나 우리는 피부색깔처럼 확실히 동서를 구분하지 않는다. 예수의— 또는 예수들의 일생이 우리를 움직이는 것은 이 때문이다. '예로부터 영웅은 모두 산하로 돌아간다.'는 노래는 언제나 우리에게 전해져 왔다. 그러나 '천국이 가까웠다.'는 소리도 또한 우리를 일으켜 세운다. 노자는 그 점에서 젊은 공자와— 또는 중국의 예수와 문답했다. 야만적인 인생은 예수들을 항상 얼마간 힘들게 했다. 태평의 초목이 되는 것을 원했던 '동방 사람'들도 이 예에서 벗어나지 않는다. 예수는 '여우도 굴이 있고 공중의 새도 거처가 있으되 인자는 머리 둘 곳이 없다'고 말했다. 그의 말은 어쩌면 그 자신도 의식하지 않았던 무서운 사실을 품고 있다. 우리는 여우와 새가 되는 것 말고는 쉽사리 거처를 발견할 수 없다.

속續 서방 사람

나는 신을 믿지 않는다. 그러나 신경을 믿는다.

다시 이 사람을 보라

예수는 '만인의 거울'이다. '만인의 거울'이란 의미는 만인은 예수를 본받으라는 뜻이 아니다. 다만 한 사람의 예수 안에서 만인이 그들 자신을 발견하기 때문이다. 나는 나의 예수를 표현했고 잡지의 원고 마감이 다가왔기 때문에 펜을 내던져야만 했다. 지금은 어느 정도 한가해져서 다시 한 번 나의 예수를 묘사해 보고 싶었다. 누구도 내가 쓴 글에— 특히 예수를 묘사한 글들에 흥미를 느끼는 사람은 없으리라. 그러나 나는 4복음서 안에서 생생히 내게 말을 걸어오는 예수의 모습을 느낀다. 내가 예수를 다시 한 번 묘사해 보고 싶다는 이러한 욕심을 스스로 그만둘 수 없다.

그의 전기 작가

요한은 예수의 전기 작가 중에서 가장 그 자신에게 아첨한 사람이다. 야만적인 아름다움에 빛났던 마태와 마가에 비교하면— 아니, 능숙하게 예수의 일생을 말해주는 누가와 비교해보아도, 근대에 태어난 우리들은 인공적인 감로甘露 맛을 맛보지 않을 수 없다. 그러나 요한도 예수의 일생을 의미 있는 사실로써 전한다. 우리는 요한의 예수 전기에서 때론 초조함을 느끼리라. 그렇지만 세 명의 전기 작가들에게도 어떤 매력을 느낄 것이다. 인생에 실패한 예수는 독특한 색채를 더하지 않는 한 쉽게 '신의 아들'이 될 수 없었다. 요한은 이 색채를 더하는 것에 적어도 가장 당대에서 첨단적인up to date 수단을 사용했다. 요한이 전한 예수는 마가와 마태가 전한 예수처럼 천재적인 비약은 없었다. 하지만 확실히 장엄하고도 아름답다. 예수의 일생을 전함에 무엇보다도 간소하고 예스러운 것을 중시한 마가는 어쩌면 그의 전기 작가들 중에서 가장 예수를 잘 알고 있었으리라. 마가가 전한 예수는 현실주의적으로 생생하게 살아있다. 우리는 거기에서 예수와 악수하며 예수를 끌어안고— 얼마간 과장을 한다면 예수 구레나룻 수염의 냄새를 느끼리라. 그러나 장엄하게 피곤에 지친 요한의 예수도 물러설 순 없다. 어쨌든 그들이 전한 예수와 견준다면 후대가 전했던 예수는— 특히 그를 데카당decadent으로 만든 어느 러시아인의 예수는 장난으로 그에게 상처를 줄 뿐이었다. 예수는 한 시대의 사회적 구속을 유린하는 일을 마음속에 두지 않았다. (매춘부와 세리稅吏와 나병 환자는 언제나 그의 말벗이었다.) 그러나 천국은 마음속에 두었다. 예수를 아이l'enfant로 표현했던 화가들은 자연히 이런 예수에게 일종의 연민을 느꼈으리라. (그것은 모태를 떠난 후 '유아독존'의 사자후를 했던 부처보다도 훨씬 미덥지 않은 것이었다.) 그렇지만 어린아이였던 예수에 대한 그들의 연민이 조금은 있었다고 해도, 데카당이었던 예수에 대해선 그의 동정보다도 앞서 있었다. 예수는 아무리 포도주에 취해도 뭔가 그 자신 속에 있는 천국을 보여줘야만 했다. 그의 비극은 그 때문에— 다만 그 때문에 일어났다. 어느 러시아인은 어느 순간 예수가 얼마나 신에게 가까웠었던가를 알지 못했었다. 그러나 네 명의 전기 작가들은 모두 이 사실에 주목했다.

공산주의자

예수는 모든 예수들처럼 공산주의 정신을 갖고 있다. 만약 공산주의자의 눈으로 본다면 예수의 말은 모두 공산주의 선언으로 바뀌리라. 그보다 앞선 요한마저 '옷 두 벌 있는 자는 옷 없는 자에게 나눠 주라'고 외쳤다. 그러나 예수는 무정부주의자가 아니다. 우리 인간들은 그의 앞에서 자연히 본체를 드러낸다. (다만 그는 우리 인간들을 조종操縱할 수 없었다— 또는 우리 인간들에게 조정당할 수 없었다. 그것은 그가 요셉이 아닌 성령의 아이였기 때문이다.) 그러나 예수 안에 있었던 공산주의자를 논하는 일은 스위스로부터 멀리 떨어진 일본에선 적어도 불편을 수반한다. 적어도 기독교교도들을 위해서.

무저항주의자

예수는 또한 무저항주의자였다. 그것은 그의 동지마저 신용하지 않았기 때문이었다. 근대에 마치 톨스토이가 타인의 진실을 의심했던 것처럼. 그러나 예수의 무저항주의는 뭔가 훨씬 더 부드럽다. 조용히 쌓여 있는 눈처럼 차갑긴 하지만 부드럽다…….

생활인

예수는 아주 빠른 생활인이다. 부처는 득도를 하기 위해서 몇 년 동안 설산雪山에서 생활했다. 그러나 예수는 세례를 받고 사십 일 단식을 한 후 바로 고대의 저널리스트가 되었다. 그는 스스로 완전히 다 태워버리려는 한 자루의 양초와 똑같다. 그가 행했던 일들과 저널리즘은 바로 이 양초의 촛농이었다.

저널리즘 지상주의자

예수가 가장 사랑했던 것은 눈부신 그의 저널리즘이었다. 만약 다른 것을 사랑했다고 한다면 그는 커다란 무화과 그늘의 나이든 예언자가 되었으리라. 평화는 그 순간 예수에게 찾아왔으리라. 그는 이미 그 순간 바로 고대의 현인처럼 모든 타협 아래 미소 짓고 있었으리라. 그러나 운명은 행인지 불행인지 그에게 이런 평안한 만년을 주지 않았다. 그것은 수난이라는 이름이 주어진다고 해도 확실히 그의 비극이었으리라. 그렇지만 예수는 이 비극 때문에 언제나 젊은 얼굴을 하고 있다.

예수의 지갑

이러한 예수의 수입은 반드시 저널리즘 때문에 생겼으리라. 그러나 그는 '내일 일을 위하여 염려하지 말라'고 할 정도로 보헤미안이었다. 보헤미안? 우리는 여기에서도 예수 안의 공산주의자를 보는 게 어렵지 않다. 하지만 그는 어쨌든 그가 천재의 비약을 한 채 내일 일을 걱정하지 않았다. '욥기'를 쓴 저널리스트는 어쩌면 그보다도 웅대했을지도 모른다. 그렇지만 그는 '욥기'에 없는 온화함을 감추는 수완이 있었다. 이 수완은 적잖이 그의 수입에 도움이 되었으리라. 그의 저널리즘은 십자가에 매달리기 전에 틀림없이 최고 시가市價였으리라. 그러나 그의 사후와 비교하면— 실제로 미국의 성서 회사는 신성하게도 매년 많은 이익을 차지한다…….

어느 순간의 마리아

예수는 이미 열두 살 때 그의 천재성을 보여주었다. 그의 전기 작가의 한 사람— 누가에 따르면 '아이 예수는 예루살렘에 머무셨다. 그런데 요셉과 어머니는 이를 알지 못하고, 사흘 후에 성전에서 만났더라. 그가 선생들 중에 앉으시어, 그들에게 듣기도 하시며 묻기도 하셨다. 듣는 자가 다 그 지혜와 대답을 놀랍게 여기더라.' 그것은 논리학을 배우지 않고 논리에 뛰어난 학생 시대의 스위프트와 같았다. 이런 조숙한 천재의 예는 물론 세계에서도 드물지 않다. 예수의 부모는 그를 찾아내어 '몹시 근심하여 너를 찾았노라'고 말했다. 그러자 그는 뜻밖에도 태연하게 '어찌하여 나를 찾으셨나이까. 나는 나의 아버지의 일을 하지 않으면 안 됩니다.' 라고 대답했다. '그러나 그 부모가 그가 하신 말씀을 깨닫지 못하더라.' 하고 말한 것은 아마 사실에 가까우리라. 그렇지만 우리를 감동시키는 것은 '그 어머니는 이 모든 말을 마음에 두니라' 라는 한 구절이다. 아름다운 마리아는 예수가 성령의 아이라는 것을 알고 있었다. 이때 마리아의 심정은 몹시 서글펐으리라. 그리고 그녀 자신의 과거도 생각하지 않으면 안 되었으리라. 마지막으로— 또는 인기척이 없는 한밤중에 별안간 그녀를 놀라게 한 성령의 모습을 생각해냈을지도 모른다. '사람은 아무것도 아니며 일이 모든 것이다.'라고 말한 플로베르의 심정은 어린 예수 안에도 가득했다. 그렇지만 목수의 아내였던 마리아는 이 순간에도 어두운 '눈물의 계곡'을 마주해야만 했으리라.

예수의 확신

예수는 자신의 저널리즘이 언젠가 수많은 독자들에게 인기 있을 것이라고 확신했다. 그의 저널리즘이 위력이 있었던 것은 바로 이런 확신이 있었기 때문이다. 그러므로 그는 또한 마지막 심판이— 즉 그의 저널리즘의 승리를 자랑할 것을 확신했다. 그렇지만 이런 확신도 이따금 흔들렸으리라. 그러나 대체로 이 확신 아래 자유롭게 그의 저널리즘을 공개했다. '한 분 외에는 선한 이가 없으니 바로 하나님이니라.' 그것은 그의 마음을 정직하게 이야기한 말이리라. 그러나 예수는 그 자신도 '선한 이'가 아닌 것을 알면서, 시적 정의詩的正義를 위해서 줄곧 싸웠다. 이 확신은 사실이 되기는 하였지만 물론 그의 허영심이었다. 예수도 또한 모든 예수들처럼 언제나 미래를 꿈꾸는 꽤나 바보였던 한 사람이었다. 만약 초인이란 말에 대해 너무나 바보라는 말을 만든다고 한다면…….

요한의 말

'보라 세상 죄를 지고 가는 하나님의 어린 양이로다. 내 뒤에 오는 사람이 있는데 나보다 훌륭한 분이시니라.' 세례 요한은 예수를 보고 그의 주변 사람들에게 이렇게 말했다고 전해진다. 벽 위에 스트린드베리 초상화를 걸며 '여기에 나보다도 훌륭한 분이 있다.'고 말한, 강인한 입센의 심정은 요한의 심정에 가까웠으리라. 거기엔 가시나무 같은 질투보다도 오히려 장미꽃 같은 이해의 아름다움을 느낄 뿐이다. 이런 나이 어린 예수가 어느 정도 천재적이었는가는 말하지 않아도 된다. 그러나 요한도 이 순간엔 또한 천재적이었으리라. 바로 키가 큰 요르단의 갈대가 부드럽게 별을 쓰다듬고 있듯이…….

어느 순간의 예수

예수는 십자가에 매달리기 전 그의 제자들의 발을 씻겨주었다. '솔로몬보다 위대한 사람'임을 스스로 자처했던 예수가 이런 겸손을 보인 일은 우리를 감동시킨다. 그것은 그의 제자들에게 교훈을 주기 위해서가 아니다. 그도 그들과 다름없는 '사람의 아들'이었음을 느꼈기 때문에 스스로 그런 일을 했으리라. 그것은 요한이 예수를 보며 '하나님의 어린 양을 보라'고 말했던 것보다도 장엄했다. 평화에 이르는 길은 어떤 사람이라도 예수보단 마리아에게서 배워야만 한다. 마리아는 다만 이 현세를 인내하며 걸어갔던 여인이었다. (가톨릭교는 예수에게 이르기 위해서 마리아를 통하는 것을 관례로 한다. 그것은 꼭 우연이라고만 할 수 없다. 즉 예수에게 다다르려는 것은 인생에서 언제나 위험하다.) 또는 예수의 어머니라는 사실밖엔 이른바 뉴스 가치가 없는 여인이었다. 제자들의 발마저 씻어주었던 예수는 물론 마리아의 발 밑에 엎드렸으리라.

그러나 그의 제자들은 이 순간에도 그를 이해하지 못했다.

'너희는 이미 깨끗해졌다.'

그것은 그의 겸손 안에서 사후에 승리를 자랑할 그의 희망(또는 그의 허영심)이 녹아서 하나가 된 말이다. 예수는 사실 역설적이게도 바로 이 순간에 그들보단 낮아져 있지만 동시에 그들보다도 훨씬 높이 있었다.

최대의 모순

예수 일생의 최대 모순은 그가 우리 인간을 이해했었음에도 그 자신을 이해할 수 없었던 일이다. 그는 닭이 울기 전 베드로마저 세 번 예수를 모른다고 말할 것을 알았다. 그의 말은 그 외에도 얼마나 우리 인간이 약한가를 가르쳐주었다. 그럼에도 그는 그 자신도 또한 약하다는 사실을 잊었다. 예수의 일생을 배경으로 한 기독교를 이해하는 일은 이 때문에 일일이 그의 행위를 '예언자 x·y·z를 통하여 말씀하신 바'라는 궤변을 이용해야만 했다. 뿐만 아니라 마침내 이런 궤변이 낡은 지폐가 되어버린 뒤엔 모든 철학과 자연과학의 힘을 빌려야만 했다. 기독교는 결국 예수가 만든 교훈주의적인 문예이다. 만약 예수의 낭만주의적인 색채를 빼면 톨스토이의 만년 작품은 이 고대의 교훈주의적인 작품에 가장 가까운 문예이리라.

예수의 말

예수는 그의 제자들에게 '나는 누구냐?'라고 물었다. 이 질문에 대답하는 일은 어렵지 않다. 그는 저널리스트였으며 저널리즘 속의 인물— 또는 '비유'로 불리는 단편소설의 작자였으며 '신약전서'로 불리는 소설적 전기의 주인공이었다. 우리는 수많은 예수들 속에도 이런 사실을 발견하리라. 예수도 그의 일생을 그의 작품에다 색인을 달아야만 하는 한 사람이었다.

고독한 육신

'예수께서 …… 집에 들어가 아무도 모르게 하시려 하나 숨길 수 없더라.' 이런 마가의 말은 또한 다른 전기 작가의 말이다. 예수는 자주 숨으려 했다. 그러나 그의 저널리즘과 기적은 그에게 사람들을 모이게 했다. 그가 예루살렘으로 갔었던 사실도 베드로가 그를 '메시아'라고 불렀던 영향이 전혀 없진 않았다. 그렇지만 예수는 열두 제자들보다도 어쩌면 감람나무 숲이나 바위산을 사랑했으리라. 더구나 저널리즘과 기적을 행한 일은 그의 성격 때문이었다. 그는 여기에서도 우리들처럼 모순을 행하지 않을 수 없었다. 하지만 저널리스트가 된 뒤 그가 고독한 육신을 사랑했던 일은 의심할 바 없는 사실이다. 톨스토이는 그가 죽을 때에 '세상에는 괴로워하는 사람들이 수없이 많다. 그런데 어째서 나에게만 큰 소란을 피우는가?' 하고 말했다. 이렇게 명성이 높아지면서 자기 자신의 평안하지 않은 마음은 우리들에도 결코 없진 않다. 예수는 명성 있는 저널리스트였다. 그러나 이따금 목수의 아들이었던 옛날을 그리워했을지도 모른다. 괴테는 이런 심정을 파우스트 자신에게 말하게 했다. 파우스트 제2부 제1막은 실로 이 한숨이 만든 작품이라고 해도 좋다. 그렇지만 파우스트는 다행히 들풀의 꽃이 핀 산 위에 우두커니 서 있다…….

예수의 탄성

예수는 비유를 말한 뒤 '어째서 너희는 아직도 알지 못하느냐?'고 말했다. 이 탄성도 또한 자주 반복되었다. 그 질문은 그가 우리 인간을 알고 줄곧 보헤미안적인 생활을 했던 사실에 비춰볼 때 어쩌면 우스꽝스럽게 보였으리라. 그러나 그는 히스테릭하게 때때로 이렇게 절규했다. 바보들은 그를 죽인 뒤 세상에 거대한 교회를 세웠다. 하지만 우리는 그들의 교회에서 또한 그의 탄성을 느끼리라. '어째서 너희는 아직도 알지 못하느냐?' 그것은 예수 혼자만의 탄성이 아니다. 후대에 비참하게 죽어간 모든 예수들의 탄성이다.

사두개인과 바리새인

사두개인과 바리새인은 예수보다도 사실상 불멸이다. 이 사실을 지적한 것은 '진화론'의 저자 다윈이었다. 그들은 지의류地衣類처럼 언제까지나 지상에 생존하리라. '적자생존適者生存'은 그들에게 정말 딱 들어맞는 말이다. 그들만큼 지상에 적자는 없다. 그들은 아무런 감정도 없이 빈틈없는 처세술을 펼친다. 마리아는 틀림없이 예수가 그들 중의 하나가 아닌 것을 슬퍼하리라. 괴테를 베토벤이 비난한 일은 바로 괴테 자신 속에 있는 사두개인과 바리새인을 비난한 것이다.

가야바

제사장 가야바에게도 후대의 증오가 집중했다. 그는 예수를 증오했으리라. 그러나 이 증오는 그 한 사람에게 있었던 것은 아니다. 다만 그를 내세웠던 사실은 이 예수를 증오하고 또는 질투한 많은 사람들에게 편리했기 때문이다. 가야바는 빛나는 사제복을 입고 냉정하게 예수를 바라보았으리라. 현세는 그곳에 빌라도와 함께 고집이 없는 정령의 아이를 조롱하고 있다. 활활 타는 횃불의 빛 속에…….

두 명의 도둑

예수의 죽음이 평판이 좋지 못했다는 점은 그가 십자가에 매달릴 때 도둑들과 함께였다는 사실로 분명하다. 도둑 중의 한 명은 예수를 비난하는 일을 주저하지 않았다. 그의 말은 그 자신 속에서 또한 인생을 위해 쓰러진 예수를 찾아냈음을 보여준다. 그러나 다른 한 명의 도둑은 그보다도 더한 망상이 있었다. 예수는 이 도둑의 말에 그의 마음이 움직였으리라. 이 도둑을 위로했던 그의 말은 동시에 또한 그 자신을 위로했다.

'너는 네 신앙으로 인해 반드시 천국에 들어갈 것이다'

후대는 이 도둑에게 그들의 동정을 보여준다. 그렇지만 다른 한 명의 도둑에겐— 예수를 비난한 도둑에겐 경멸을 보여준다. 그것은 바로 예수가 가르친 시적 정의의 승리를 나타낸다. 그러나 그들은— 사두개인과 바리새인은 오늘날에도 몰래 이 도둑에게 찬성한다. 사실상 천국에 들어가는 것은 그들에겐 무화과와 참외 즙을 마시는 일만큼 중요하지 않다.

군인들

군인들은 십자가 밑에서 예수의 옷을 나눠 가졌다. 그들에겐 그의 옷 말고는 그가 갖고 있었던 것은 보이지 않았다. 그들은 틀림없이 어깨가 넓은 모범적인 군인들이었음이 틀림없었다. 예수는 아마 그들을 내려다보며, 그들의 행위를 경멸했으리라. 그러나 동시에 시인했으리라. 예수는 그 자신 이외에 우리 인간을 이해했다. 그가 가르친 말에 따르면 감상주의적 영탄이야말로 예수가 가장 싫어한 것이었다.

수난

십자가에 매달린 예수는 허영심이 얼마간 있긴 해도 그의 육체적 고통과 함께 정신적 고통에도 시달렸으리라. 특히 십자가를 지켜보고 있는 마리아를 바라보는 일은 괴로웠으리라. 그러나 그는 '엘리 엘리 라마 사박다니'라는 필사의 목소리를 낸 뒤에도 (예를 들어 그것은 그가 사랑한 찬미가의 한 구절이라고 해도) 그가 숨을 거두기 전에 무언가 큰 소리를 내었다. 우리는 이 큰 소리에서 어쩌면 그저 죽음이 임박했음을 느낄 뿐이리라. 하지만 마태의 말에 따르면, '성소 휘장이 위로부터 아래까지 찢어져 둘이 되고, 땅이 진동하며 바위가 터지고, 무덤들이 열리며 자던 성도의 몸이 많이 되살아났다.' 그의 죽음은 확실히 많은 사람들에게 이런 쇼크를 주었으리라. (마리아가 뇌빈혈을 일으킨 사실을 기록하지 않은 것은 신약성서의 위엄을 존중했기 때문이다.) 예수의 말 한 마디 거동 하나에도 영원永遠의 주석註釋을 하였던 파피니마저 이 사실은 마태를 인용한 것에 불과하다. 그 자신을 속인 파피니의 시적 정열은 거기에서도 또한 마각을 드러낸다. 예수의 죽음은 사실상 그의 예언자적인 천재성을 잘못 믿은 사람들에겐— 그 자신 안에 엘리야를 보았던 사람들에겐 너무나 우리에게 가까운 것이었다. 따라서 불수레를 타고 하늘로 사라지는 일보다도 두려웠다. 그들은 다만 그 때문에 쇼크를 받아야만 했다. 그러나 나이가 든 사제들은 이 쇼크에 속지 않았으리라.

'그것 봐라!'

그들의 말은 예루살렘으로부터 뉴욕과 도쿄에도 전해졌다. 예루살렘을 둘러싼 감람산들을 가장 산문적散文的으로 뛰어넘어서.

문화적인 예수

제자들이 예수를 이해할 수 없었던 점은 그가 너무나 문화인이었기 때문이었다. (그의 천재성을 별도로 해도.) 그들 대부분은 적어도 그에게 기적을 구했었다. 철학에 열정적이었던 마가다국의 왕자(석가모니)는 예수보다도 기적을 행하지 않았다. 그것은 예수의 죄라기보단 오히려 유대의 죄다. 그는 로마의 시인들에게도 지지 않는 일류 저널리스트였다. 동시에 또한 그는 애국적 정신마저 던져버린 문화인이었다. (마가는 예수전 제7장 25 이하에 이 사실을 기록한다.) 세례 요한은 그의 앞에서 낙타의 털옷과 메뚜기와 석청이라는 야만인의 면목을 보이고 있었다. 예수는 요한이 말한 대로 세례에 다만 성령을 이용했다. 뿐만 아니라 그의 세례를 받은 사람은 열두 명의 제자들 이외에도 매춘부와 세리와 죄인이었다. 우리는 이러한 사실에서 자연히 그에게 부드러운 심장이 있었다는 점을 발견하리라. 그는 또한 그가 행했던 기적에도 이따금 세세하게 신경썼다. 문화적인 예수는 십자가 위에서 가장 야만적인 죽음을 이루도록 되어 있었다. 그러나 야만적인 세례 요한은 문화적인 살로메 때문에 쟁반 위에 머리가 놓이게 되었다. 운명은 여기에서도 그들을 위해 역설적인 장난을 잊지 않았다…….

가난한 사람들에게

예수의 저널리즘은 가난한 사람들과 노예를 위로 했다. 그것은 물론 천국 따위에 들어가려고 생각하지 않는 귀족과 부자들의 사정에 맞았기 때문이리라. 그러나 그의 천재성은 그들을 감동시켰다. 아니, 그들뿐만이 아니다. 우리도 그의 저널리즘 속에 무언가 아름다움을 발견하리라. 몇 번이나 두들겨도 열리지 않는 문이 있음은 우리도 안다. 좁은 문으로 들어감도 우리에게 꼭 행복한 일이 아님을 보여준다. 그러나 그의 저널리즘은 언제나 무화과처럼 달콤하다. 그는 실로 예루살렘의 백성이 낳은 고금에 드문 저널리스트였다. 동시에 또한 우리 인간이 낳은 고금에 드문 천재였다. '예언자'는 그 이외엔 유행하지 않는다. 그렇지만 그의 일생은 언제나 우리를 감동시키리라. 그는 십자가에 매달리기 위해— 저널리즘 지상주의를 내세우기 위해서 모든 것을 희생했다. 괴테는 완곡하게 예수에 대한 그의 경멸을 나타냈다. 마치 후대의 예수들이 얼마큼 괴테를 질투하는 것처럼. 우리는 엠마오의 여행자들처럼 우리 마음을 타오르게 하는 예수를 구하지 않을 수 없으리라.

역자 후기

작가와 작품 소개

우리나라에 제법 많이 알려진 소설가 아쿠타가와 류노스케(1892~1927)는, 1892년 3월 1일 도쿄에서 태어났다. 류노스케龍之介라는 이름은 진년辰年 진월辰月 진일辰日 진각(辰刻 오전 8시)에 태어나서 붙여진 이름이라고 한다. 부친 니하라 도시조新原敏三는 도쿄의 신주쿠新宿와 쓰키지築地에서 목장을 경영하며 우유 생산에 종사했다. 류노스케는 그가 생후 9개월이었을 때, 모친 후쿠ふく가 정신이상을 일으켜 외가인 아쿠타가와 가家에 맡겨졌다. 류노스케가 열한 살 때 어머니가 정신병원에서 세상을 떠나자 정식으로 아쿠타가와 가에 입양된다.

1913년 도쿄대학 영문과에 입학한 아쿠타가와는, 이듬해 1914년에 구메 마사오久米正雄, 기쿠치 간菊池寛 등과 동인잡지 제3차 '신시초新思潮'를 발간한다. 이 동인잡지에 아쿠타가와는 처녀소설 '노년(老年, 第三次 新思潮 1914년 5월)'과 가끔 번역 등을 발표한다. 이 해 12월에 친구의 추천으로 나쓰메 소세키夏目漱石의 목요회木曜會에 참석하여 소세키의 제자가 된다. 나쓰메 소세키가 '코(鼻, 第四次 新思潮 1916년 2월)'를 인정한 이후, 아쿠타가와는 작가로서 지위를 점차 확립하기 시작한다.

아쿠타가와는 단편소설을 주로 쓴 작가다. 그의 세기말적인 독서체험이— 예를 들면 입센, 아나톨 프랑스, 보들레르, 스트린드베리, 베르그송 등— 아쿠타가와가 유미적이고, 도회적이며 이지적인 경향의 섬세하고 화려한 풍취와 문체에 강한 관심을 가지게 했고, 단편소설에서 여러 가지 실험을 하게 된 이유였다고 한다.

역사소설과 예술지상주의로 한 시대를 풍미한 아쿠타가와는 그의 만년에 '이야기 같은 이야기가 없는 소설'을 주장하여 다니자키 준이치로谷崎潤一郎*와 논쟁을 벌이기도 했다.

그러나 아쿠타가와의 만년은 회의와 초조, 불안 때문에 심한 신경쇠약에 빠지게 된다. 마침내 그는 1927년 7월 23일 심야에 '속 서방 사람'의 원고를 끝내놓고 수면제 다량을 먹고 자살했다. 친구에게 남긴 유서엔 '뭔가 내 장래에 대해서 그저 막연히 불안하다'라는 말이 쓰여 있었다고 한다. 대표작으로는 '라쇼몬(羅生門 1915년)' '난쟁이 어릿광대의 말(侏儒の言葉 1922~1925년)' '어느 바보의 일생(或阿呆の一生 1927년)' '톱니바퀴(歯車 1927년)' '갓파(河童 1927)' '서방 사람(西方の人 1927년) 등이 있다.

* 1886~1965 소설가, 극작가.

난쟁이 어릿광대의 말侏儒の言葉

'난쟁이 어릿광대의 말' 은 '분게순주文藝春秋' 에 1923년 1월호부터 1925년 11월호까지 발표된 아포리즘(aphorism, 잠언, 격언) 또는 수필이다. 이 작품의 서序에서 밝히고 있듯이, '난쟁이 어릿광대의 말' 은 반드시 아쿠타가와의 사상을 이야기한다고 할 수 없다. 그의 표현대로 다만 사상의 변화를 보여준다고 하겠다. 이 작품은 그 내용의 다양성 때문에 하나의 완전한 작품론으로 발전시키기엔 얼마간 어려운 부분이 있음은 일독을 해본 독자라면 누구나 쉽게 알 수 있을 것이다.*

아쿠타가와의 아포리즘은 '소설 속의 사상' 과 '아포리즘 속의 사상' 이 동질성을 가지며 그의 사상은 '사상의 형식' 과 함께 잠언적이란 평가를 받는다. 그러나 이것은 다만 '사상' 과 '사상의 형식' 의 동질성 문제로 한정하기엔, 이 작품을 인식하는 한계를 드러낸다.

사토 야스마사佐藤泰正가 지적했듯이 아쿠타가와에게 아포리즘은 '필연적 형식' 이었다고 한다면, 아쿠타가와의 소설 속 사상과 아포리즘 속 사상의 동질성은, 소설(또는 창작)이라는 '그 잠언적인 고정의 표현' 의 인식에서 시작한다고 말할 수 있다.*

---

* 志村有り弘　編　상동上同 496~498p 참조.
* 佐藤泰正「『侏儒の言葉』－それは＜樂屋の公開であったか－」解釋と鑑賞 1999년 11월 153~156p 참조.

아포리즘의 본질인 '구성의 결여' 와 '단편斷片성', '잡다한 기록' 의 문학적 실현이 '난쟁이 어릿광대의 말' 이라고 한다면, 아쿠타가와는 이러한 아포리즘적인 인생을 살았다고 할 수 있다.

어느 바보의 일생或阿呆の一生

'어느 바보의 일생' 은 아쿠타가와 사후, 1927년 10월호 '가이조改造' *에 발표된 유고遺稿* 중의 하나다. 아쿠타가와의 원고에 따르면 '어느 바보의 일생'이란 제목 이외에도, '신화', '그의 꿈', '자전적 스케치'라는 제목을 마음에 두었다는 점을 알 수 있다.*

이 작품은 서양식 사다리에 오른 스무 살의 '그'가 해가 지고 어두워져가는 책방에서 세기말 문학의 책등 제목을 읽는 장면으로 시작하여, '세기말의 악귀'에 들린 '그'가 세기말적인 어둠 속에서 사는 정경으로 끝난다. 이처럼 '세기말 사상' 은 '어느 바보의 일생'에 일관된 주제이며 이 작품을 이해하

---

* 다이쇼大正와 쇼와昭和시대의 대표적인 종합잡지.
* 유고로는 『어느 오랜 친구에게 보내는 수기或旧友に送る手記』, 『톱니바퀴歯車』, 『암중문답暗中問答』, 『어느 바보의 일생或阿呆の一生』, 『서방 사람西方の人』, 『속 서방 사람續西方の人』, 『열 개의 바늘十本の針』 등이 있다. 日本文學アルバム１６『芥川龍之介』筑摩書房 1968년 78~79p 참조.
* 志村有り弘 編『芥川龍之介大事典』勉誠出版 2002년 357~358p 참조.

는 중요한 코드 중의 하나이다.

이 부분에 대해 히라오카 도시오平岡敏夫도 말했듯이 아쿠타가와에게 '세기말 사상'이란 것은 보들레르를 의미한다. "인생은 한 줄의 보들레르보다도 못하다."라고 말했듯이 아쿠타가와에게 보들레르는 '세기말의 상징적 존재' 로 인식된다.*

이러한 아쿠타가와의 세기말 인식은, 만년에 그의 자의식을 절박한 심정으로 토로한 것이라 할 수 있다. 미야모토 겐지宮本顯治가 말한 대로 '어느 바보의 일생' 은 '칼날의 이가 빠진, 가르다란 검을 지팡이를 삼으면서' 도달한 필사의 기록이자 아쿠타가와의 '문학적 일생의 초점이자 결론' 이며 '과도적인 인텔리겐치아문학의 역사적 고탑高塔' 이다.*

'어느 바보의 일생' 은 작가 자신의 사생활이라는 처지에서 본다면, 작가의 자전적 '고백소설' 로 보이기도 한다. 그렇지만 이를테면 '세기말' 이란 객관적이고 문학적인 소재를 끌어들였다는 점에서 이 작품은 '고백소설' 의 영역을 넘어서 있다.

---

* 平岡敏夫『芥川龍之介, 抒情の美學』大修館書店 1982년 461~469p 참조.
* 宮本顯治 「敗北の文學」(「改造」 昭和四年 八月) 참고문헌은 『敗北の文學』 眞理社 昭和二十一年 5~40p 참조.

서방 사람西方の人, 속 서방 사람續 西方の人

'서방 사람'은 '가이조改造' 1927년 8월호에, '속 서방 사람'은 '가이조' 1927년 9월호에 발표된 작품이다. 아쿠타가와가 생전에 마지막으로 선택한 작품의 주제가 그리스도였다는 것은, 그가 자살하기 직전까지 성서를 읽었다는 사실에서도 알 수 있다.

'서방 사람'과 '속 서방 사람'은 작가 아쿠타가와와 예수라는 관점에서 본 해석과 기독교라는 관점에서 본 해석이 지금까지 주류를 이루는 접근방법이었다.

또 아쿠타가와는 '예수'와 '그리스도'라는 용어의 차이를 의식적으로 분리해서 사용했는가 하는 문제는, 일본의 메이지明治*와 다이쇼大正* 시대에 간행된 예수전과 그리스도론에 관한 열악한 출판사정을 고려하고, 아쿠타가와가 '그리스도(역서에는 예수)라는 사람을 사랑하기 시작했다'* 라고 한 점에서도 알 수 있듯이, 이 두 작품이 '그리스도론'이라고 하기보단 '예수론'이라는 말이 더 설득력 있어 보인다.*

아쿠타가와는 '서방 사람'과 '속 서방 사람'에서 대부분 '그리스도'라는 용어를 주로 사용 했다. 전체적인 내용의 흐

* 1868년 9월 8일~1912년 7월 30일.
* 1912년 7월 30일~1926년 12월 25일.
* '서방 사람'의 '1 이 사람을 보라'에서.
* 志村有り弘 編 상동上同 532~534p 참조.

름으로 보아 이 두 작품에서 사용된 그리스도가 예수를 지칭한다는 것을 알 수 있다.

역자는 이 두 작품의 번역에서 독자 이해를 돕기 위해, 원문에는 '그리스도', '예수'라고 한 표현을 모두 '예수'로, '그리스도교'는 '기독교'로 바꾸어 번역했다.

역자가 원저에서 '예수'와 '그리스도'라는 용어의 사용을 조사해본 결과, 이 두 작품에서 '예수'라는 용어는 '서방 사람'에서 3번, '속 서방 사람'에서 1번으로 총 4번이 사용되었으며 그것도 모두 아쿠타가와가 성서를 인용할 때만 사용되었다는 점을 알 수 있다. 본문 중에서 예수라는 용어가 사용된 곳은 다음과 같다.

'서방 사람'

〈하늘에 가까운 산상 문답— 그들이(베드로, 야곱, 그의 형제 요한) 산에서 내려올 때에 예수께서 명하여 이르시되 인자가 죽은 자 가운데서 살아나기 전에는 본 것을 아무에게도 이르지 말라 하시니〉 p.173

〈예수보다는 바라바를— 관원이 이상하게 여길 정도로 예수는 한마디도 대답하지 않았다.〉 p.183

〈예수의 친구들— 그는 주저하지 않고 빌라도에게 가서 예수의 시체를 달라 했다.〉 p.186

'속續 서방 사람'

〈고독한 육신— '예수께서…… 집에 들어가 아무도 모르게 하시려 하나 숨길 수 없더라.'〉 p.210

이처럼 아쿠타가와는 작품에서 예수와 그리스도라는 용어의 차이를 분명히 인식했으며 의도적으로 그리스도라는 용어를 사용했음을 알 수 있다.

출판사로부터 원고 번역을 부탁 받았을 때, 역자는 이 작업이 이렇게 고단한 일이 될 줄은 짐작도 못했다. 본인의 바쁜 일정도 문제였지만, 출판사도 출판 일정이 있는지라 스케줄에 맞춰 번역하는 일은 끈기와 체력이 필요했다. 그러나 작업을 진행하는 동안 가능한 한 정확하게 번역해야 한다는 욕심 때문에 결국은 약속 날짜를 훨씬 넘기고 말았다.

출판 일정 탓에 걱정을 많이 했으리라 짐작했지만, 별다른 말없이 참고 기다려 주신 문파랑 대표에게 고마움을 전한다. 또 역자의 미숙한 원고를 꼼꼼히 정서해준 편집부에게도 감사한다.

이번 작업을 통해서 역자는 일본어를 번역한 것이 아니라, 우리 국어를 공부했다는 느낌이 들었다. 돌아보건대 우리글의 풍부한 표현과 쓰임에 미력하나마 공부할 수 있었던 귀한 시간이었다.

작업이 진행되는 동안 멀리서나마 걱정해준 동생들과 선배, 후배들에게도 고마움을 전한다. 번역일로 정신없는 동안 벌써 해가 바뀌었다. 새해 인사를 이 글로 대신하고자 한다.

양희진

쓸쓸함보다

더

큰힘이

어디

있으랴!